LE MENSONGE TOTAL

LE MENSONGE TOTAL

ENQUÊTE SUR UN CRIMINEL CLIMATIQUE

« ENQUÊTE DE SENS »

SEUIL MEDIAPART

Cet ouvrage est publié dans la collection « Enquête de sens »,
collaboration entre les éditions du Seuil et Mediapart.

ISBN 978-2-02-155514-1

www.seuil.com
www.mediapart.fr

INTRODUCTION
ATTENDRE QU'IL SOIT TROP TARD

La critique la plus injuste, c'est de nous reprocher de ne pas être engagés dans la transition énergétique.

Patrick Pouyanné, PDG de TotalEnergies,
Le Journal du dimanche, 18 juin 2023.

« Depuis le XIXe siècle, l'Homme brûle en quantité chaque jour croissante des combustibles fossiles, charbons et hydrocarbures. [...] La circulation atmosphérique pourrait s'en trouver modifiée, et il n'est pas impossible, selon certains, d'envisager une fonte au moins partielle des calottes glaciaires des pôles, dont résulterait à coup sûr une montée sensible du niveau marin. Ses conséquences catastrophiques sont faciles à imaginer[1]. »

Quand le géographe François Durand-Dastès écrit ces lignes en 1971, il pèse chacun de ses mots. Il sait qu'ils seront lus par les milliers de salariés et les cadres exécutifs d'une des plus grandes compagnies pétrolières du monde. La multinationale Total a fait appel à lui pour rédiger sept pages titrées « La pollution atmosphérique et le climat » dans sa revue interne, *Total Information*[2]. René de Lilliac, le patron du groupe, a tenu à préfacer personnellement ce dossier spécial climat. Noir sur blanc, il déclare être conscient que sa firme peut « provoquer des nuisances susceptibles d'affecter l'équilibre de la nature » et se dit « prêt à accepter toutes les contraintes utiles propres à préserver l'environnement ».

François Durand-Dastès, quant à lui, entend être précis. Et frapper les esprits. Chercheur spécialiste des moussons en Inde, il connaît les impacts désastreux des pluies diluviennes. Il assène : « Si la consommation de charbon et de pétrole se maintient au même rythme dans les années à venir », la situation sera « assez préoccupante ». Ses propos sont mesurés. Et vérifiés. Le géographe est l'un des universitaires français les plus au fait de la recherche sur le climat. Il s'abreuve de littérature scientifique américaine, à la pointe sur la question, et des derniers travaux en météorologie[3].

L'alerte de François Durand-Dastès dans *Total Information* n'est pas isolée. L'affirmation d'un réchauffement à venir si les émissions suivent leur trajectoire se répand alors dans les revues scientifiques. Les cadres supérieurs de Total sont de plus en plus exposés à des études pointant l'impact néfaste sur le climat des activités pétrolières. Depuis les années 1950, des recherches commanditées par l'American Petroleum Institute, organisme regroupant les pétroliers étasuniens, parmi lesquels la filiale nord-américaine de Total, soulignent le lien entre combustion de pétrole et effet de serre[4]. Dès 1965, un rapport du comité scientifique de la Maison-Blanche[5] a affirmé que la hausse du CO_2 dans notre atmosphère pourrait « produire des changements mesurables et peut-être marqués du climat ». Enfin, des études coordonnées en 1970 et 1971 par le Massachusetts Institute of Technology[6] ont prédit une augmentation des températures de 2 °C vers 2030 – elle est déjà de l'ordre de 1,2 °C.

« En somme, quand Total publie son article qui fait référence pour la première fois à la menace climatique, c'est le signe de l'entrée dans le radar attentionnel des pétroliers français d'un ensemble d'études scientifiques sur le réchauffement global. Des travaux sont également discutés en France dans les milieux des ingénieurs du Corps des mines ou des savants et hauts fonctionnaires[7] », explique Christophe Bonneuil, directeur de recherche en histoire au CNRS, qui a remis la main sur l'article de François Durand-Dastès. Dans l'Hexagone, la Datar (Délégation interministérielle à l'aménagement du territoire et à l'attractivité régionale) s'inquiétait déjà en 1968 dans un colloque des « problèmes de modification globale du climat terrestre[8] ». Un an plus tard, le numéro deux de cette structure d'État, le haut fonctionnaire Serge Antoine, évoquait l'enjeu du CO_2 dans une note au Premier ministre : elle sera à l'origine de la création du ministère de l'Environnement.

En 1971, quand François Durand-Dastès s'alarme dans *Total Information*, Greenpeace et Les Amis de la Terre viennent de voir le jour. Le Conseil national du patronat français (CNPF, ancêtre du Medef) crée cette même année une « commission environnement », tandis qu'une brochure du syndicat patronal des industries pétrolières admet « un léger effet de réchauffement du climat terrestre d'ici à la fin du siècle ».

Comment Total réagit-elle à ces signaux d'alerte ? Elle fait la sourde oreille.

Aux États-Unis, les majors du pétrole commandent des rapports à des universitaires. Elles cherchent à savoir si un tampon naturel pourrait venir contrebalancer les émissions croissantes de gaz à effet de serre. Elles ne trouvent rien. Après avoir envoyé des scientifiques étudier l'absorption du CO_2 par les océans, Exxon affirme en 1979 dans une étude interne que « le niveau actuel de consommation des fossiles va causer des effets environnementaux dramatiques avant 2050[9] ».

Toutefois, « chez Total comme chez Elf [groupe qui fusionnera avec Total en 2000], nous n'avons pas trouvé trace dans leurs archives de recherches ou études internes sur le dérèglement climatique dans les années 1972-1987 », s'étonne Christophe Bonneuil. « Il est aussi surprenant que, durant cette période, les magazines d'Elf et Total soient restés silencieux sur les travaux et scénarios du changement climatique. » Rien sur la première conférence mondiale sur le climat en 1979 à Genève. Rien non plus, la même année, sur le rapport « Charney » de l'Académie américaine des sciences, un tournant dans le monde scientifique qui renforce la certitude du réchauffement global à venir. Cette synthèse commandée par Washington conclut pourtant qu'« une politique du *wait-and-see* signifierait attendre qu'il soit trop tard ».

Après l'article de François Durand-Dastès, c'est seulement en 1989 que la question du réchauffement sera à nouveau mentionnée dans la revue de Total, et en 2004 qu'un chercheur y présentera l'état des savoirs sur le changement climatique.

Contre-feu climatosceptique

Après le choc pétrolier de 1973, les écologistes militent en faveur des énergies renouvelables. Mais Total, financièrement aux abois, préfère se diversifier dans le charbon – qu'importe les alertes climatiques toujours plus nombreuses. Avec la British Petroleum, la major commence dès 1976 à extraire de la houille en Afrique du Sud, alors sous régime d'apartheid. Puis elle fonde en 1979 Anthracorp Inc. pour l'exploitation du charbon aux États-Unis.

En 1986, l'enjeu du changement climatique apparaît au détour d'un rapport interne d'Elf. Bernard Tramier, directeur de l'environnement de la compagnie, y souligne que « tous les modèles sont unanimes à prédire un réchauffement de la Terre ». Mais il prévient dans la foulée : « Les premières réactions ont été, bien entendu, de "taxer les énergies fossiles", il est donc évident que l'industrie pétrolière devra de nouveau se préparer à se défendre[10]. » C'est qu'à la fin des années 1980, les dirigeants politiques expriment un volontarisme inédit en faveur du climat. Trois propositions pour freiner le réchauffement sont lancées. À la suite de la conférence intergouvernementale de Toronto, en juin 1988, une réduction de 20 % des émissions d'ici à 2005 est préconisée. En 1989, la Commission européenne avance quant à elle l'idée d'une taxe sur les énergies fossiles, élargie à terme à l'échelle mondiale. Enfin, le Premier ministre français, Michel Rocard, milite pour l'instauration d'une autorité mondiale de l'atmosphère dotée de pouvoirs contraignants.

Acculés, les pétroliers dégainent une arme redoutable : le doute quant au fondement scientifique des travaux sur le dérèglement climatique. La stratégie est efficace. Au cours des années 1990, les trois propositions politiques sont torpillées ou abandonnées, sous pression des industriels fossiles.

Total a ainsi œuvré à saboter la volonté européenne d'instaurer une taxe sur le carbone destinée à mettre fin aux énergies fossiles (voir Partie IV). Le contre-feu organisé par le pétrolier français a été à ce point opérant que l'idée d'« écotaxe » a été jetée aux oubliettes au Sommet de la Terre de Rio de Janeiro en juin 1992. Au cours des négociations, Total a distribué aux délégations diplomatiques un dossier affirmant que les scientifiques n'avaient pas encore « dissipé les incertitudes concernant l'effet de serre ».

Cette fabrique du doute a été mise en œuvre à chaque conférence internationale. Deux mois après Rio, le président d'honneur de Total, François-Xavier Ortoli, a pu affirmer lors du congrès du Conseil mondial de l'énergie, à Madrid, qu'en matière de changement climatique, « Hippocrate dit oui, mais Gallien dit non. Il existe un doute[11] ». Même son de cloche chez Elf. Francis Girault, directeur de la stratégie de la firme, a en mars 1993 préconisé auprès de sa direction un plan d'action dans les champs scientifique, politique, industriel et médiatique autour d'une idée : faire valoir qu'« il existe des doutes scientifiques en matière d'effet de serre ».

Le faux tournant « vert »

Une fois cette bataille gagnée, Total adopte cependant un nouveau langage. En 1996, le deuxième rapport sur le climat du GIEC (Groupe d'experts intergouvernemental sur l'évolution du climat) puis, en 1997, la conférence internationale de Kyoto (COP3), enfoncent le clou en matière d'alerte climatique. Total comprend que, face aux avancées scientifiques et à la mobilisation de la société civile, le déni scientifique devient contre-productif. Les notions de « développement durable » et de « responsabilité sociale de l'entreprise » commencent à consteller ses discours publics. Pour autant, Total continue d'investir massivement dans les énergies fossiles : elle injecte plus de 30 milliards de dollars dans le pétrole et le gaz entre 2000 et 2005[12].

Dans son premier « rapport sociétal et environnemental », en 2002, le groupe utilise encore le conditionnel pour évoquer les origines humaines du réchauffement. Il faut attendre 2006 pour qu'il orchestre son adhésion au consensus scientifique : en septembre, Total réunit plus de 280 personnalités scientifiques pour une conférence sur le changement climatique. Deux ans plus tard, le pétrolier finance la chaire « Développement durable » du Collège de France, par la suite occupée par Nicholas Stern, économiste britannique de renom. « Cette reconnaissance de l'expertise scientifique du GIEC permet à Total de dérouler un nouveau récit », analyse Christophe Bonneuil : « Une sorte de division du travail où, d'une part, les scientifiques sont en charge de faire l'état des lieux du changement climatique et, d'autre part, les entreprises se présentent comme les plus légitimes pour mettre en œuvre les solutions adéquates pour opérer la transition énergétique[13]. »

Mais, fin décembre 2015, Total se trouve au pied du mur climatique. La 21e conférence internationale sur le climat (COP21), accueillie par la France, a abouti à un traité historique : l'accord de Paris, qui réunit toutes les nations autour de l'objectif de limiter le réchauffement à moins de 2 °C. Trois mois plus tard, Patrick Pouyanné, PDG de la firme depuis 2014, présente à la presse *One Total 2035*, la feuille de route de la compagnie pour réduire ses émissions et transformer Total en « major de l'énergie responsable[14] ». Elle a été élaborée par la multinationale elle-même, depuis le quartier d'affaires de la Défense.

« La volonté d'une énergie propre renvoie à la notion de changement climatique qui est avant tout un défi énergétique. Nous avons l'ambition de prendre en charge ce sujet », soutient alors le patron de la multinationale. « En tant que pétrolier, nous sommes classés dans le camp des "méchants". Mais nous allons faire évoluer notre mix de produits énergétiques afin de baisser graduellement son intensité en CO_2 de façon à participer au maintien du réchauffement en dessous de 2 °C[15]. »

Depuis l'accord de Paris, Total a installé un récit positif sur la transition écologique, dans lequel le groupe joue un rôle moteur en matière d'action pour le climat. Une stratégie « verte » qui lui permet de gagner du temps. Car, dans les faits, entre 2015 et 2019, Total a dépensé 77 milliards de dollars dans l'exploration et la production de pétrole et de gaz, mais investi à peine 5 milliards de dollars dans les énergies renouvelables. Début 2021, la multinationale produisait 447 fois plus d'énergies fossiles que d'énergies vertes.

« Nous ne vous décevrons pas ! »

Le 28 mai 2021 marque le point d'orgue de ce verdissement de façade. Ce jour-là, réunis en assemblée générale, ses actionnaires décident de rebaptiser leur firme. « Nous actons notre changement de nom [...] pour ancrer dans son identité sa stratégie de transformation en compagnie multi-énergies », s'enthousiasme alors Patrick Pouyanné : « TotalEnergies a pour ambition d'être un acteur majeur de la transition écologique. Nous ne vous décevrons pas[16] ! »

Ce coup marketing reflète, au mieux, une vaste opération de greenwashing, au pire, un terrible aveuglement. Selon le dernier plan climat du groupe, en 2030 15 % seulement de l'énergie produite par la multinationale sera renouvelable. L'écran de fumée de jouer sur la dénomination de l'entreprise est une vieille ficelle de la firme. En 1977, après un choc pétrolier et les premières marées noires bretonnes, la major, tout en investissant dans le charbon, communiquait à tous crins sur ses timides efforts dans le solaire à travers une campagne publicitaire titrée... « Total-Energies ». Déjà à l'époque, le groupe industriel français essayait de nous convaincre qu'il était davantage qu'une compagnie pétrolière.

Aujourd'hui, alors que l'humanité a vécu en 2023 son année la plus chaude jamais enregistrée et que les dérèglements climatiques s'amplifient à un rythme inouï[17], TotalEnergies demeure une des vingt multinationales les plus émettrices du globe[18]. Le groupe industriel rejette chaque année dans nos cieux autant de gaz à effet de serre que l'ensemble des Français. Bien loin d'amorcer une baisse de sa production, TotalEnergies est, parmi les compagnies pétrolières internationales, celle qui a approuvé en 2022 le plus grand nombre de nouveaux projets fossiles. Les émissions liées au pétrole et au gaz qui en seront extraits signent l'échec de l'accord de Paris sur le climat. « Une entreprise privée annonce ainsi qu'elle envisage de faire capoter un accord international ratifié par la quasi-totalité des États du monde et mettant en jeu rien de moins que l'habitabilité de la planète », avertit le collectif de chercheurs français de l'Atelier d'écologie politique (Atécopol)[19].

Fruit de plus de deux ans d'enquête au sein de Mediapart, cet ouvrage révèle comment les redoutables stratagèmes de TotalEnergies pour prolonger notre dépendance fossile font du fleuron industriel français un criminel climatique international. Au fil des pages, il dévoile les bombes climatiques fabriquées en catimini par le groupe, confronte les discours verts de la major à la réalité de ses mégaprojets écocidaires, met à nu le colonialisme mortifère derrière son greenwashing, montre comment ses cercles d'influence politique lui permettent d'attiser le brasier climatique.

Ces investigations m'ont conduit à suivre les cargos de TotalEnergies qui sillonnent les océans comme à remonter les oléoducs d'une raffinerie monstre dans le golfe Persique. À éplucher les déclarations de patrimoine des députés français comme à écouter des familles expropriées en République du Congo.

Mais, entre les couloirs des COP où le pétrolier déploie un lobbying féroce et les réceptions d'ambassadeurs qui hypothèquent notre avenir en soutenant TotalEnergies, surgissent aussi, pas à pas, des scientifiques, des ouvriers, des activistes ou des avocats qui se mobilisent pour « désarmer » cette entreprise privée. Car, en perpétuant le *statu quo* climatique, c'est bien l'avenir de l'humanité que TotalEnergies met en joue.

I

HORIZON VERT, CIEL NOIR

Cette tendance à vouloir dire en 2050 tout sera neutre, c'est sympathique, mais aucun d'entre nous ne sera là en 2050.

Patrick Pouyanné,
Forum de Davos, janvier 2020.

MENSONGES CLIMATIQUES

28 mai 2021, Paris, à quelques pas de l'Arc de triomphe. Malgré l'atmosphère feutrée de la salle Pleyel, la tension est palpable. Devant un parterre d'actionnaires conviés à l'assemblée générale de TotalEnergies, Patrick Pouyanné, le patron du groupe, bute sur les mots de son discours inaugural, trahissant sa nervosité. Le PDG tient bon pourtant. Il explique qu'il veut transformer l'entreprise en « une major de l'énergie verte ». Qu'il faut affronter « la révolution énergétique en cours ».

Dans la salle, certains participants semblent perplexes. L'avant-veille, les deux principales compagnies pétrolières américaines étaient bousculées par leurs actionnaires. Durant l'assemblée générale de Chevron, une motion demandant que la firme diminue ses émissions de gaz à effet de serre a recueilli 61 % des votes contre l'avis de la direction. Tandis qu'ExxonMobil a, au grand dam de ses dirigeants, cédé trois sièges de son conseil d'administration au petit investisseur pro-climat Engine N° 1.

Patrick Pouyanné enchaîne, débit de mitraillette : « 2020 a été une année charnière : au mois de mai, nous avons acté la neutralité carbone d'ici 2050, en septembre, une stratégie énergétique pour dix ans, et aujourd'hui nous actons notre changement de nom en TotalEnergies pour ancrer dans son identité sa stratégie de transformation en compagnie multi-énergies. » Puis l'allocution se mue en opération d'enfumage. Pour répondre à l'urgence climatique, le dirigeant annonce vouloir faire du gaz un des « piliers » de la croissance de TotalEnergies. Le gaz, la moins émettrice des énergies fossiles, serait une « énergie d'avenir » – à la combustion, il rejette environ un tiers de CO_2 en moins que le pétrole et moitié moins que le charbon. Dans les faits, le plan climat de TotalEnergies présenté par son PDG prévoit d'augmenter d'environ 40 % sa production de gaz d'ici à 2030, mais sans réduire significativement sa production de pétrole[20]. Et 70 % de ses investissements resteront alloués au pétrole et au gaz[21].

Cette stratégie va à contre-sens des mesures nécessaires pour freiner le chaos climatique. En effet, les scientifiques affirment que, pour limiter le dérèglement climatique, il faudrait laisser dans nos sous-sols plus de la moitié des réserves mondiales de gaz[22]. De même, les Nations unies estiment que les productions de pétrole et de gaz doivent baisser de respectivement 4 % et 3 % par an d'ici à 2030 pour contenir le réchauffement à 1,5 °C au-dessus des niveaux préindustriels. Quant à l'idée selon laquelle le gaz serait peu émetteur, elle commence à être battue en brèche par les travaux de recherche. En juillet 2023, une vaste étude scientifique a encore démontré que le gaz pouvait être aussi néfaste que le charbon[23].

Pis, quelques jours avant l'assemblée générale de TotalEnergies, l'Agence internationale de l'énergie, pourtant historiquement favorable aux énergéticiens, a appelé à la fin immédiate des investissements dans l'exploration ou l'extraction d'énergies fossiles, afin de pouvoir atteindre la neutralité carbone en 2050[24].

Preuve encore que la stratégie de TotalEnergies va à rebours de l'urgence climatique : en 2030, 15 % seulement de l'énergie produite par la « future major verte » sera renouvelable alors que, toujours selon l'Agence internationale de l'énergie, les compagnies pétrogazières doivent avant la fin de la décennie injecter la moitié de leur capital dans les énergies propres pour sauver le climat[25].

De fait, l'empreinte carbone totale des activités du pétrolier, telle que décrite dans son plan « vert », impliquerait une stagnation de ses émissions jusqu'en 2030, alors que le GIEC estime que les rejets mondiaux de gaz à effet de serre doivent baisser de 43 % pour limiter le chaos climatique[26].

La fronde des actionnaires

Une semaine avant le raout annuel de TotalEnergies à la salle Pleyel, certains actionnaires ont découvert avec consternation la stratégie climat sur laquelle ils étaient appelés à voter. Une trentaine d'investisseurs internationaux ont même critiqué ouvertement les ambitions climatiques de la compagnie, en particulier le fait que sa production de pétrole allait, en gros, rester stable jusqu'à 2030. Les gestionnaires d'actifs français Meeschaert et OFI, les fonds néerlandais PME et Actiam, la caisse de retraite complémentaire Ircantec ou encore les sociétés de gestion La Française et Sycomore ont fait savoir publiquement qu'ils voteraient contre le plan climat porté par la direction de TotalEnergies.

Mais la fronde a été étouffée dans l'œuf. À l'assemblée générale, seuls 8,12 % des actionnaires se sont prononcés contre la résolution portant sur l'illusoire stratégie climat de la major. Et Patrick Pouyanné a pu se réjouir : « C'est la meilleure réponse à ceux qui espéraient une rébellion au sein de TotalEnergies et qui se comportent plus comme des activistes que comme des actionnaires. »

Les gros actionnaires de la compagnie comme Axa, BNP Paribas et Amundi ont préféré donner carte blanche climatique au pétrolier. C'est que TotalEnergies cajole ses investisseurs. En cette année 2021, elle a été l'entreprise du CAC 40 la plus généreuse à l'égard de ses actionnaires, qui ont reçu 7,6 milliards d'euros de dividendes. En parallèle, le groupe a investi à peine 1,6 % de son chiffre d'affaires dans les renouvelables et l'électricité, soit presque trois fois moins que ce qu'il a consacré à la rémunération de ses porteurs.

Cette mascarade climatique de TotalEnergies a recommencé lors de l'assemblée générale de 2022. Alors que le matin 250 activistes bloquaient l'accès à la salle Pleyel, c'est devant une enceinte presque vide que Marie-Christine Coisne-Roquette, membre du conseil d'administration du groupe, a averti : « Le débat sur le climat et la transition énergétique amène nombre d'injonctions contradictoires. Certains aimeraient un arrêt brutal du pétrole, mais ce n'est ni possible, ni souhaitable. Il faut trouver le juste équilibre, et notre stratégie s'inscrit dans la durée. » Dans la foulée, 89 % des actionnaires ont validé à nouveau le pseudo-plan climat du groupe.

Pourtant, la veille, l'ONG Oil Change International estimait dans un rapport que TotalEnergies était la multinationale fossile qui émettrait le plus de CO_2 entre 2022 et 2025 du fait des nouveaux investissements approuvés pour cette période. Selon cet organisme américain, la stratégie climat de la compagnie « se traduira par une croissance totale de la production et des ventes de pétrole et de gaz jusqu'à 2030[27] ».

Enfin, pour l'assemblée générale de 2023, 188 scientifiques, dont d'éminents membres du GIEC comme Valérie Masson-Delmotte ou Jean Jouzel, ont appelé, dans une tribune publiée dans *Le Monde*, les actionnaires à voter contre le plan climat du groupe. En vain. Quant aux demandes des actionnaires rebelles que TotalEnergies s'aligne clairement sur l'objectif de freiner le réchauffement à 1,5 °C, elles ont été balayées par les gros investisseurs.

« L'hypocrisie est certainement avec la cupidité un des premiers traits de caractère des investisseurs. Les gros dividendes qui leur sont versés ont toujours leur préférence, loin devant la stabilité du climat et un monde pacifié et soutenable », s'insurge Lucie Pinson, fondatrice et directrice de Reclaim Finance. « En votant pour le faux plan climat de TotalEnergies, ils ne piétinent pas seulement leurs propres engagements climatiques, mais aussi les droits des populations en première ligne des impacts des projets développés par la major et du dérèglement climatique. »

Écran de fumée

Loin du huis clos des assemblées d'actionnaires, le groupe mène depuis son changement de nom en « TotalEnergies » une opération publicitaire hors norme. À grand renfort d'images colorées d'éoliennes ou de panneaux solaires et de slogans creux – « L'énergie, c'est la vie » –, la campagne de communication autour de la nouvelle dénomination du groupe présente le pétrolier comme une « compagnie multi-énergies » et « un acteur majeur de la transition énergétique ».

Un message est martelé à l'usage des consommateurs : TotalEnergies a pour ambition d'atteindre la neutralité carbone d'ici à 2050. À titre d'exemple, pour mesurer l'ampleur de cette campagne en France, un encart publicitaire sur les engagements climatiques de l'industriel diffusé dans *Le Figaro* le 2 juin 2021 a pu atteindre plus de 1,5 million de lecteurs et lectrices. Cette publicité a été diffusée jusqu'en décembre 2021 dans 25 journaux de la presse nationale. Le plan de communication a aussi été déroulé dans des spots télévisuels sur TF1 et les chaînes publiques, sur des panneaux d'affichage, sur les réseaux sociaux avec notamment le hashtag #MoreEnergiesLessEmissions, sur un site Web dédié, ou encore dans les stations-service du groupe.

Pendant plusieurs mois en 2023, Reclaim Finance a mesuré la part dédiée à chaque énergie dans les messages de TotalEnergies sur les réseaux sociaux[28]. Le solaire, l'éolien ainsi que les biocarburants ou le biogaz ont représenté près de 80 % de ses posts et tweets de communication. Le pétrole et le gaz, environ 20 %.

Dans les faits, le plan climat du groupe prévoit exactement l'inverse de ce qu'il affiche. En 2030, le pétrole et le gaz représenteront encore 80 % des énergies produites par TotalEnergies, contre environ 20 % pour les renouvelables et les énergies dites « bas carbone ». Cette vaste offensive de communication sert, explique Clara Gonzales, juriste à Greenpeace France, à produire « un écran de fumée derrière lequel TotalEnergies tente de cacher la réalité de ses opérations : produire et vendre toujours plus d'énergies fossiles » – du greenwashing, en somme.

Le faux argument de la demande

Face aux détracteurs qui pointent le plan climat fallacieux du groupe, TotalEnergies dégaine en dernier recours un argument massue : la multinationale ne ferait que répondre à la demande. Durant l'assemblée générale de mai 2023, Patrick Pouyanné a ainsi protesté, en réponse aux activistes qui tentaient de perturber de nouveau la grand-messe actionnariale : « La demande de pétrole au niveau mondial est en croissance et si ce n'est pas TotalEnergies qui répond à cette demande, d'autres le feront à notre place. » Le lendemain, dans les pages de *La Croix*, il expliquait : « Si nous n'investissons pas dans de nouveaux projets, notre production baisse et nous ne répondons pas à la demande. »

L'histoire nous montre pourtant que le développement d'une source d'énergie, loin d'être purement technique, répond à des rapports sociaux, des compromis politiques et des choix de société. La production massive et à bas coût de pétrole a ainsi conduit les compagnies pétrolières à promouvoir activement la voiture individuelle. Une stratégie qui, dans les villes américaines au début du XXe siècle, a mené au démantèlement des compagnies de tramways, alors dominantes[29]. Aujourd'hui, selon l'anthropologue et économiste Jason Hickel, quatre fois plus de capacité productive est mobilisée pour les SUV – ces autos tout-terrain de loisir – qu'en faveur des transports en commun. De même, l'énorme développement après la Seconde

Guerre mondiale du parc nucléaire français a entraîné le recours massif au radiateur électrique dans les foyers du pays[30].

« Nos sociétés se sont radicalement transformées lorsque de nouvelles sources d'énergie furent rendues disponibles avec des coûts abordables, sans forcément répondre à une demande préexistante », souligne le collectif de chercheurs toulousains de l'Atelier d'écologie politique (Atécopol). « Le fait que TotalEnergies affiche comme priorité de produire des énergies fossiles en abondance et à bas coût induit mécaniquement un soutien à leur usage, prolongeant ainsi l'abondance, alors que nous devrions prendre le chemin de la rareté[31]. »

Par ailleurs, comme le précise Guillaume Carbou, chercheur en sciences sociales à l'université de Bordeaux : « La demande elle-même ne fait pas légitimité de ce dont on fait commerce. Il existe dans nos sociétés une demande pour des armes, des drogues, des médicaments. Et l'on trouve ça normal de légiférer dessus pour imposer des quotas voire en prohiber les usages. Quand un pétrolier clame répondre à la demande, il masque tous les outils politiques de régulation déjà existants et qui pourraient être débattus pour sortir du désastre en cours[32]. »

De surcroît, l'argument de la demande énergétique occulte le fait que celle-ci correspond souvent à des besoins qui n'ont rien de vitaux, comme rouler en ville en 4×4 ou prendre l'avion pour un week-end à l'autre bout de la planète. « Entretenir la confusion entre "demande" et "besoins" minimise le potentiel de nos sociétés à faire des choix et à revoir leur organisation afin de diminuer leur consommation énergétique[33] », ajoute l'Atécopol.

Enfin, les compagnies pétrogazières ont toujours cherché, et cherchent encore, à orienter la demande énergétique future vers les énergies fossiles, notamment en retardant les politiques climatiques qui pourraient la réduire (voir Partie IV). Dernier exemple en date : fin 2023, lors de la COP28 à Dubaï, 2 456 lobbyistes de l'industrie fossile – un nombre record – ont uni leurs efforts pour le maintien du *business as usual* et l'absence, dans le texte final, de toute obligation d'une sortie planifiée du pétrole ou du gaz[34].

En août 2023, l'éminent climatologue Jean Jouzel, ancien auteur du GIEC, était invité à l'université d'été du Medef. Devant un parterre de chefs d'entreprise, le chercheur a rappelé que, selon à la fois la communauté scientifique, les Nations unies et l'Agence internationale de l'énergie, il est urgent, pour contenir le chaos climatique, d'arrêter tout nouveau projet fossile. Que la combustion de charbon, de pétrole et de gaz est à l'origine de 75 % des émissions mondiales de gaz à effet de serre. Réponse de Patrick Pouyanné : « Je connais et je respecte l'avis des scientifiques, le problème c'est qu'il y a la vie réelle. [...] Cette transition, je suis désolé, Jean, elle prendra du temps. »

Durant cet été caniculaire, deux études scientifiques inédites ont pourtant rappelé la nécessité d'agir vite. L'Agence européenne pour l'environnement a établi que les événements climatiques extrêmes ont causé en Europe la mort de 195 000 personnes depuis 1980. Quant à l'agence d'État Santé publique France, elle a révélé qu'entre 2014 et 2022 près de 33 000 décès dans l'Hexagone étaient liés aux canicules. La « vie réelle », en somme.

LA COMBINE BIDON DU GAZ « NEUTRE EN CARBONE »

« Nous sommes fiers d'avoir réalisé cette première cargaison », se réjouissait, en octobre 2020, Laurent Vivier, directeur gaz de TotalEnergies. Elle « marque une nouvelle étape dans notre volonté d'accompagner nos clients vers la neutralité carbone ». Le groupe français venait de fournir, pour la première fois, du gaz naturel liquéfié (GNL) « neutre en carbone » au géant pétrolier chinois CNOOC.

TotalEnergies l'assure : de son extraction à son expédition, l'empreinte carbone de cette cargaison gazière a été compensée par l'achat de crédits carbone. Depuis le début des années 2000, notamment à la suite du traité climatique de Kyoto signé en 1997, les pays ou entreprises qui rejettent trop de CO_2 peuvent en effet échanger avec des pays ou des firmes qui en émettent moins des droits d'émission sur des marchés financiers. Dans ce cadre, pour compenser le carbone émis par son gaz livré par bateau, TotalEnergies a choisi de financer deux projets de réduction des émissions : un parc éolien dans la province chinoise de

Hebei et un programme de protection des forêts dans le nord du Zimbabwe.

Un navire-citerne a effectué la livraison depuis la plateforme de production de GNL d'Ichthys, en Australie, jusqu'en Chine. Dans la foulée, trois autres cargos chargés de gaz fossile estampillé « neutre en carbone » ont pris la direction de l'Asie et ont en partie bénéficié des crédits carbone achetés par TotalEnergies.

TotalEnergies compte beaucoup sur le GNL – du gaz qui, refroidi, est passé à l'état liquide afin d'être transportable par bateau – et la compensation carbone pour apparaître comme un industriel soucieux de la question climatique. Le groupe français considère en effet que le gaz étant « la moins émettrice des énergies fossiles », le GNL permet de « répondre à la croissance de la demande mondiale en énergie, tout en contribuant à contenir le réchauffement climatique »[35]. Qu'importe que les scientifiques martèlent que, pour limiter les dérèglements climatiques, il faudrait laisser dans nos sous-sols plus de la moitié des réserves mondiales de gaz et diminuer sa production de 3 % par an. Ou que le GNL soit 2,5 fois plus émetteur que le gaz acheminé par pipeline[36], au point qu'il peut être aussi nocif pour le climat que le charbon[37]. Aujourd'hui, la firme tricolore est le numéro deux mondial du GNL, après Shell.

Quant à la compensation carbone, TotalEnergies a lancé en novembre 2021 la plantation de 40 millions d'arbres en République du Congo, sur les plateaux Batéké. Ce « puits de carbone » est censé absorber dans le futur une partie des émissions de CO_2 de la compagnie (voir Partie III). Depuis 2020, une unité commerciale interne de TotalEnergies bénéficie en outre d'un budget annuel de 100 millions de dollars pour investir dans les solutions de puits de carbone.

Une installation climaticide

Le site industriel d'Ichthys, à partir duquel a été extrait, produit et expédié le GNL « neutre en carbone » depuis 2020, est principalement détenu par la major française (26 %) et le pétrolier japonais Inpex (66 %). D'un coût total de 45 milliards de dollars, la méga-infrastructure comprend des installations offshore situées à deux cents kilomètres des côtes de l'Australie et un gazoduc sous-marin relié à une énorme usine de liquéfaction du gaz basée à Darwin, la capitale du nord du pays.

Ichthys figure parmi les lieux de production de GNL offshore les plus intensifs au monde en matière de carbone. Ses énormes rejets de gaz à effet de serre sont dus aux grandes quantités de CO_2 contenues dans les gisements de gaz et qui se trouvent alors évacuées, ainsi qu'à la distance entre les installations maritimes et terrestres : le gaz doit être transporté sur neuf cents kilomètres de pipelines sous la mer, ce qui demande de gros volumes d'énergie.

Mais c'est une pratique industrielle particulièrement climaticide qui a, depuis le démarrage d'Ichthys en 2018, fait déraper l'empreinte carbone du site : le torchage. Ce procédé, fréquemment utilisé par les groupes énergétiques, consiste à brûler les rejets de gaz durant les opérations de routine de production, comme le forage des gisements ou le nettoyage des infrastructures. La combustion de ces rebuts de gaz s'effectue en haut d'une torchère, produisant une flamme caractéristique et des émissions importantes de gaz à effet de serre.

Le torchage de routine libère en effet de grandes quantités de méthane (CH_4), un gaz dont le potentiel de réchauffement climatique est, sur vingt ans, 84 fois supérieur à celui du CO_2. La Banque mondiale explique que « le brûlage à la torche contribue au changement climatique en libérant des millions de tonnes d'équivalent CO_2 dans l'atmosphère, avec des effets néfastes sur l'environnement dus aux émissions de méthane[38] ». D'après les spécialistes, les effets du torchage sont largement sous-estimés : la pratique émettrait, au niveau mondial, autant que l'aéronautique ou le transport maritime international.

Pollution en toute discrétion

Fin novembre 2021, plusieurs rapports d'inspection réalisés sur Ichthys par l'organisme australien de réglementation des opérations gazières offshore (Nopsema) ont été rendus publics à la suite d'une demande de communication de documents.

Le Nopsema indique que des retards dans « la mise en service de technologies clés de réduction des émissions de gaz à effet de serre » ont entraîné du brûlage de gaz à la torche non prévu dans le plan environnemental du site. Et dans de gros volumes. Celui de gaz effectivement torché en 2020 était près de deux fois, et en 2018-2019 presque quatre fois celui annoncé par TotalEnergies aux autorités australiennes. Ce gigantesque torchage opéré au large, à l'abri des regards, aurait émis rien qu'en 2020, année où TotalEnergies a commencé à communiquer sur son GNL « propre », près de 2 millions de tonnes d'équivalent CO_2 dans l'atmosphère. Une pollution climatique équivalente à celle causée par un million de voitures.

Selon Capterio, société britannique experte en capture des gaz de torchage, alors que TotalEnergies annonçait en octobre 2020 son premier cargo de GNL « neutre en carbone », le site d'Ichthys était au cours de ce second semestre le système de production flottant qui brûlait à la torche le plus de gaz au monde.

Le torchage de routine sur Ichthys entraîne en outre une grosse pollution lumineuse. Le Nopsema a alerté en 2021 sur le fait que « le brûlage à la torche en cours a le potentiel de provoquer des réactions comportementales dans la faune marine sensible à la lumière, de provoquer des changements localisés de la qualité de l'air et l'exposition subséquente de l'avifaune marine aux polluants atmosphériques, et de contribuer au changement climatique ».

En mai 2021, le brûlage à la torche avait certes diminué à Ichthys, mais une technologie de réduction des émissions censée être mise en place en 2019 n'était toujours pas opérationnelle. Un mois plus tard, dans un courrier en date du 1er juin 2021 – soit neuf mois après la première livraison de GNL « neutre en carbone » –, le Nopsema demandait que le plan environnemental d'Ichthys soit révisé. Malgré ces alertes, d'importants épisodes de torchage ont encore été relevés en août et octobre 2021.

Calculs en toc

Selon le plan environnemental d'Ichthys, l'installation devrait émettre environ 7 millions de tonnes de CO_2 par an. Ce chiffre ne semble pas prendre en compte les émanations de méthane dues au torchage de routine puisqu'il est affiché en « CO_2 » et non en

« équivalent CO_2 » – une unité de mesure qui permet d'intégrer les différents gaz à effet de serre. Or les forts rejets causés par le brûlage de gaz à la torche augmenteraient les émissions du site de 18 % en moyenne pour l'année 2020.

Par ailleurs, les détails sur les méthodes de mesure des compensations associées aux émissions des cargaisons de GNL demeurent inconnus. Pour le premier cargo, expédié à l'automne 2020, le média Bloomberg a révélé en août 2021 que TotalEnergies a fixé les émissions du GNL livré à 240 000 tonnes d'équivalent CO_2[39]. Un volume estimé qui indique, selon les experts contactés par Mediapart, que le groupe français a utilisé le système de mesure des rejets de gaz à effet de serre du GNL du ministère britannique de l'énergie dit « BEIS ».

En juillet 2021, deux chercheurs de l'université Columbia de New York ont souligné que ce système de mesure BEIS « est une estimation générale et ne prend pas en compte la chaîne de valeur[40] ». Pourtant, à la livraison du cargo de GNL « décarboné », le directeur Gaz de TotalEnergies, Laurent Vivier, s'enorgueillissait que « les émissions de carbone ait été compensées sur l'ensemble de la chaîne de valeur[41] ». L'ONG basée à Bruxelles Carbon Market Watch précise pour sa part qu'« il n'y a actuellement aucun consensus sur la façon de calculer les émissions totales du cycle de vie d'une cargaison de GNL. [...] Le GNL "neutre en carbone" est le nouveau venu en matière de fausses solutions climatiques, une pratique de greenwashing erronée à bien des égards[42] ».

TotalEnergies et son acolyte nippon Inpex ont acheté des crédits carbone labellisés Verified Carbon Standard, la principale norme mondiale de crédit de carbone, administrée par l'association américaine à but non lucratif Verra. Or, en mai 2021, *The Guardian* a révélé que cette dernière usait de méthodologies « peu robustes » pour certifier les crédits carbone, donnant lieu à des « crédits de carbone fantômes » et à des projets de compensation aux réductions d'émissions « systématiquement surestimées ».

En outre, pour acquérir ses crédits carbone auprès d'un programme de protection des forêts au Zimbabwe, TotalEnergies a traité avec une entreprise dénommée South Pole. Renat Heuberger, son cofondateur, a reconnu en août 2021 que la sauvegarde des forêts pour compenser les émissions dues au GNL était « un non-sens évident ». Et d'ajouter : « Même ma fille de neuf ans comprendrait que ça ne fonctionne pas[43]. » Baptisé Kariba, le projet zimbabwéen financé par TotalEnergies pour se draper de vert consiste en la protection de 785 000 hectares de forêt qui absorberaient 3,5 millions d'équivalent CO_2 par an. C'est-à-dire que, sur une année, ce territoire naturel grand comme un département français servirait à compenser à peine la moitié des 7 millions de tonnes de CO_2 émises annuellement par Ichthys, d'après le plan environnemental du site.

Enfin, TotalEnergies s'est aussi procuré des crédits carbone auprès d'une installation d'éoliennes située dans la région chinoise de Hebei. Comme l'explique Wijnand Stoefs de Carbon Market Watch : « Ce parc éolien a été construit il y a une décennie, ce qui signifie que les crédits n'ont en rien contribué à réduire réellement les émissions au moment de la signature de l'accord et qu'ils ne le feront pas non plus à l'avenir... »

Interrogée par Mediapart sur la méthodologie utilisée pour mesurer le volume de gaz à effet de serre à compenser comme sur la prise en compte ou non dans ses calculs des énormes dépassements d'émissions à Ichthys, TotalEnergies a répondu que la compagnie « propose à ses clients des solutions sur mesure, à leur demande, visant à compenser les émissions de gaz à effet de serre des produits énergétiques vendus. Ce fut ponctuellement le cas en octobre 2020 avec la livraison à CNOOC d'une cargaison de GNL dont le carbone et le méthane ont été compensés *via* l'achat de certificats d'émissions Verified Carbon Standard soutenant des projets de haute qualité ».

Soutiens français publics et privés

En juin 2020, alors que ses émissions étaient particulièrement élevées, le site industriel d'Ichthys a été refinancé à hauteur de 7,3 milliards d'euros. Et la France a été en première ligne de cette opération climaticide. D'après les informations obtenues par Mediapart, l'État français, *via* sa banque publique de crédit à l'export Bpifrance, a en effet contribué à hauteur de 156 millions d'euros au refinancement.

Pourtant, fin 2019, l'Assemblée nationale avait adopté un amendement dans le cadre du projet de loi de finances 2020 visant à interdire tout soutien financier à l'exportation pour les projets gaziers pratiquant le torchage de routine. De plus, la France et TotalEnergies sont signataires d'une initiative de la Banque mondiale visant à « éliminer le torchage de routine d'ici 2030[44] ».

Les banques privées hexagonales se sont elles aussi illustrées dans l'appui à ce projet fossile. Les groupes BNP Paribas, Crédit agricole, Société générale et CIC ont, au total, injecté dans le site plus de 1,15 milliard d'euros en 2020.

Depuis, l'extraction gazière continue tambour battant à Ichthys. En mars 2023, la cinq-centième livraison de GNL par cargo a été annoncée dans la presse spécialisée. Puis, en août, TotalEnergies et Inpex ont acquis plus de quatre cents kilomètres carrés de nouveaux champs de gaz en pleine mer, afin d'assurer à long terme l'approvisionnement en GNL de la plateforme. Ce même mois, la communauté scientifique alertait sur le fait que l'humanité venait de vivre son été le plus chaud jamais enregistré.

« DÉTRUIRE LA PLANÈTE, ÇA RAPPORTE »

Élever le greenwashing au rang d'art. Réaliser des investissements toxiques à rebours de toutes les recommandations des Nations unies comme de l'Agence internationale de l'énergie. Élaborer des stratégies cyniques de communication. Balayer d'un revers de main les alertes des plus éminents auteurs du GIEC.

Mais pourquoi TotalEnergies déploie autant d'efforts, de moyens matériels et de capacités financières pour perpétuer l'ère du carbone, quitte à mettre en péril l'humanité ? Parce qu'en maintenant notre addiction aux énergies fossiles, la multinationale engrange toujours plus de profits.

Le 8 février 2023, TotalEnergies a annoncé un bénéfice net de 19,1 milliards d'euros pour l'année 2022. Un record historique. Tandis que la France dénombre 12 millions de précaires énergétiques et que de nombreux ménages et commerces voient leurs factures d'énergie exploser, TotalEnergies ne s'est jamais aussi bien portée.

Économiste à l'Observatoire des multinationales et spécialiste des questions climatiques, Maxime Combes nous explique comment, dans un monde qui brûle, TotalEnergies parvient paradoxalement à réaliser encore des superprofits. Et nous précise pourquoi la guerre économique menée par la firme contre le vivant n'a jamais été aussi rentable.

Un profit de plus de 19 milliards d'euros pour l'année 2022 : est-ce un record pour TotalEnergies ?

Maxime Combes : Oui, c'est un record dans toute l'histoire de cette entreprise. Et l'un des meilleurs résultats de l'histoire du CAC 40. C'est démentiel mais aussi révoltant. Après 14,2 milliards d'euros de profits en 2021, 40 % de plus qu'en 2019, voilà une nouvelle augmentation d'environ 30 %. À un moment où l'inflation a rogné les revenus, aggravant la pauvreté et la précarité.

Précisons que ces profits atteindraient le montant stratosphérique d'environ 35 milliards d'euros s'ils intégraient les provisions sur les actifs russes du groupe inscrites dans ses comptes, permettant à son PDG, Patrick Pouyanné, d'affirmer que la Russie occasionne des pertes colossales à TotalEnergies, bien que ces pertes ne soient à ce stade que théoriques. Le groupe a ainsi encaissé début octobre 2022 près de 430 millions d'euros de dividendes pour sa participation dans le groupe russe Novatek – avant d'annoncer vouloir s'en retirer.

Ces 19 milliards d'euros de profits équivalent à la rémunération annuelle de 380 000 personnels d'hôpitaux, la rénovation globale de 310 000 passoires énergétiques, ou encore une prime de 6 300 euros pour chacun des 3 millions d'étudiants.

Comment expliquer des profits aussi énormes ?

Il faut d'abord souligner qu'il s'agit de superprofits, de profits d'aubaine qui ne résultent ni d'investissements nouveaux ou de risques pris par TotalEnergies, ni même d'une amélioration du processus de production ou d'un accroissement significatif du volume produit. Comme tous les groupes pétrogaziers, TotalEnergies profite de l'inflation dans le secteur de l'énergie, d'abord entretenue par la reprise économique mondiale qui a suivi la pandémie de Covid-19 et les pénuries sur les chaînes d'approvisionnement, et désormais surtout alimentée par la guerre menée par la Russie contre l'Ukraine.

Les multinationales du pétrole et du gaz qui maîtrisent l'ensemble de la chaîne de valeur, depuis la production jusqu'à la commercialisation, comme c'est le cas pour TotalEnergies, profitent de la pénurie. En effet, les recettes tirées des activités de production explosent puisque leurs coûts restent relativement stables à court terme. Les résultats des activités de négoce international et d'acheminement sont aussi en forte croissance. Enfin, généralement jugée peu rentable, l'activité de raffinage dégage désormais des marges plus généreuses.

Les gains qu'engrange TotalEnergies progressent ainsi à chaque étape du processus de production. La multinationale est bien un « profiteur de guerre », pour reprendre le terme utilisé par Emmanuel Macron au G7 en Allemagne en juin 2022 pour désigner certains producteurs et spéculateurs.

Et qui paie la note ?

Les Françaises et les Français. Dans la mesure où les dépenses en carburant des consommateurs finaux restent contraintes à court terme – les économistes disent que l'élasticité-prix est faible –, TotalEnergies prélève en quelque sorte une part croissante du pouvoir d'achat des consommateurs, sans raison économique réelle et sans que cela contribue à l'intérêt général. TotalEnergies profite d'une rente de situation dépourvue de justification ou de légitimité économique.

Les superprofits du groupe constituent donc une spoliation des revenus de chaque consommateur. De plus, loin de revenir « à la normale », comme l'exécutif français le promet depuis l'automne 2021, les prix de l'énergie sont durablement orientés à la hausse. Cette spoliation, annoncée comme temporaire, pourrait devenir pérenne.

Quelles sont les conséquences de ces profits sur le climat ?

Du point de vue du changement climatique, ces superprofits illustrent le fait que notre système économique, et le régime politique qui l'accompagne, valorise très fortement l'extraction et la combustion des énergies fossiles. Nous pourrions le résumer ainsi : détruire la planète, ça rapporte. La conséquence immédiate est catastrophique : à de tels niveaux de rentabilité économique et financière, le capitalisme fossile et climaticide qu'incarnent ces majors du pétrole et du gaz a de beaux jours devant lui.

La grande majorité des investisseurs vont se démener pour que les majors continuent d'augmenter leurs capacités d'extraction, de production, de transport et de raffinage, renvoyant aux oubliettes leurs promesses de neutralité carbone pour 2050. Et, par là même, voilà enterrés les objectifs collectifs que nos pays se sont fixés en termes de réduction des émissions de gaz à effet de serre. L'habitabilité de la planète est sacrifiée sur l'autel des profits des majors des énergies fossiles. Tant que ce sera le jackpot pour le capitalisme fossile, la lutte pour le climat sera mise en échec.

Où vont ces profits ? Dans la poche des actionnaires ?

Pour tenter de désarmer la critique, Patrick Pouyanné a passé son année 2022 à affirmer que le groupe utilisait les superprofits réalisés dans les hydrocarbures pour accroître massivement ses investissements dans les énergies renouvelables. Mais, selon les documents de TotalEnergies, le groupe avait investi 3,3 milliards d'euros dans les énergies renouvelables et l'électricité en 2021, soit à peine 1,6 % de son chiffre d'affaires, et une somme presque trois fois moins élevée que celle consacrée par le groupe à la rémunération de ses actionnaires cette année-là.

Ces investissements dans les énergies renouvelables et l'électricité augmentent-ils ? Oui, ils sont annoncés à hauteur de

4 milliards d'euros en 2022, soit un accroissement d'un petit milliard d'euros. Dans le même temps, entre 2021 et 2022, les profits ont progressé à eux seuls d'environ 5 milliards d'euros. De plus, TotalEnergies va accroître la rémunération de ses actionnaires d'un montant deux à trois fois plus élevé que l'augmentation de ses investissements dans les énergies renouvelables.

Enfin, la multinationale continue à miser massivement sur les énergies fossiles, puisque plus de 70 % de ses investissements annuels leur sont consacrés. Cette stratégie est en contradiction avec les recommandations de l'Agence internationale de l'énergie, qui appelait en 2021 à stopper immédiatement le développement de nouveaux projets gaziers et pétroliers pour freiner le changement climatique.

Les superprofits de TotalEnergies seront-ils taxés par l'État français ?

Avec l'Observatoire des multinationales, nous avons rendu public le fait que TotalEnergies n'avait pas payé un seul euro d'impôt sur les sociétés en France pour les exercices 2019 et 2020. Quant à la contribution européenne de solidarité voulue par Bruxelles, qui porte sur une partie des superprofits des grands groupes pétrogaziers réalisés en 2022, Patrick Pouyanné a annoncé en octobre 2022 que son groupe paierait un milliard d'euros dans six pays de l'Union européenne, dont la France.

Mais, là aussi, tout dépendra des pays où TotalEnergies localisera ses profits. En 2019, la multinationale avait réalisé à l'échelle européenne sept fois plus de profits en Belgique et trois fois plus en Allemagne qu'en France. Et à travers le monde, sans surprise, ses bénéfices les plus importants sont domiciliés dans les pays de production de TotalEnergies, à l'instar de la Thaïlande, de l'Angola ou du Congo. Si les profits 2022 sont localisés de la même manière que pour l'année 2019, nous avons calculé que la France pourrait ne récolter que quelques dizaines de millions d'euros…

Sans compter que l'entreprise bénéficie d'aides publiques, alors qu'elle a supprimé des emplois…

Souvent, Emmanuel Macron et Bruno Le Maire nous disent : « Réjouissez-vous des très bons résultats des grands groupes français, car les profits d'aujourd'hui sont les emplois de demain. » Mais, à l'échelle du CAC 40, les emplois supprimés en 2020 ont correspondu à des profits importants en 2021 et à une explosion des dividendes en 2022. TotalEnergies ne déroge guère à la règle : 2 300 emplois supprimés en 2020 (dont 410 en France) et 4 167 en 2021 (dont 700 en France).

Ces suppressions d'emploi interviennent alors que le groupe est régulièrement soutenu par les pouvoirs publics. En plus de l'appui qu'elle obtient de la diplomatie française pour signer de juteux contrats à l'étranger (voir Partie IV), TotalEnergies a été largement accompagnée par la Banque centrale européenne pendant la pandémie, et c'est une des principales bénéficiaires de la baisse des impôts de production entérinée par le plan de relance de 2020 et la loi de finances 2023.

TotalEnergies a aussi reçu, par exemple, 783 millions d'euros d'aides publiques pour une usine de batteries électriques à

Douvrin (Pas-de-Calais), co-construite avec Stellantis : soit une subvention d'environ 200 000 euros par emploi promis sur le site. Par ailleurs, les raffineries TotalEnergies ont bénéficié de plus de 425 millions d'euros de quotas carbone gratuits entre 2015 et 2020 et continuent à en recevoir aujourd'hui – ces quotas sont des « permis de polluer » accordés par l'Union européenne afin de protéger les sites industriels contre la concurrence internationale non soumise à des plafonds d'émission. Puisque TotalEnergies est subventionnée avec de l'argent public pour investir dans l'hydrogène et les batteries électriques, le minimum serait que ses profits soient taxés par les pouvoirs publics.

Que nous disent ces profits, engrangés par une des multinationales les plus émettrices de CO_2 au monde, du mouvement pour le climat ?

Réchauffer la planète est sans doute l'une des activités les plus lucratives du capitalisme mondialisé. Malgré des dizaines d'années d'alerte sur le réchauffement climatique, la réalité est implacable : depuis la première COP organisée en 1995 à Berlin, il n'a jamais été question de limiter à la source la production de charbon, de gaz et de pétrole. Mieux, le terme « énergie fossile » n'apparaît pas dans l'accord de Paris de 2015.

Par conséquent, soit nous laissons les multinationales de l'énergie telles que TotalEnergies dicter notre avenir énergétique et, puisqu'elles exploiteront le pétrole jusqu'à la dernière goutte, nous nous dirigeons vers un réchauffement climatique largement supérieur à 3 ou 4 °C. Soit nous parvenons, collectivement, à démanteler leur pouvoir de nuisance, ce qui permettra de laisser les énergies fossiles dans le sol.

Cette dernière option ne date pas d'aujourd'hui. Dès les années 1990, des organisations écologistes luttant contre les impacts de l'exploitation des énergies fossiles sur les populations au Nigeria et en Équateur avaient proposé un moratoire international sur toute nouvelle exploitation. Pour ces dernières, les dévastations engendrées par l'exploitation pétrolière dans les pays du Sud ont les mêmes causes structurelles que le changement climatique. Sans compter le régime d'impunité dans lequel évoluent les multinationales fossiles qui leur permet d'en exploiter toujours plus. Mais leur recommandation a été balayée par les États, notamment durant la COP3 de Kyoto en 1997, et n'a pas connu le succès escompté auprès des ONG, plus focalisées sur les objectifs de réduction d'émissions de gaz à effet de serre.

Il est temps de remettre cette proposition à l'agenda international, et de faire reculer les funestes projets des criminels climatiques, qui nous conduisent dans le mur avec leur capitalisme fossile.

II

EXPANSIONNISME MORTIFÈRE

Pour vous, notre énergie est inépuisable.

Slogan publicitaire de Total, 2007.

UNE FUITE EN AVANT FOSSILE

« Notre monde vit d'énergies fossiles. Croire qu'on va changer le système en une nuit, ça ne marche pas », a lancé en novembre 2022, depuis les couloirs de la COP27 à Charm el-Cheikh, le PDG de TotalEnergies. « Donc, il faut prendre le temps de s'organiser et il faut que des acteurs, comme nous, s'engagent à construire ce système décarboné. »

Défendant l'action de l'industrie pétrolière face aux dérèglements climatiques, Patrick Pouyanné n'en démord pas : sa compagnie est en train de se transformer en une major de l'énergie verte. Pour preuve, l'entreprise a changé son nom en TotalEnergies et elle a élaboré un plan climat qui vise la neutralité carbone d'ici à 2050 (voir Partie I).

Mais le pétrolier tricolore déploie sur le terrain une tout autre politique énergétique. Rien que pour l'année 2022, Mediapart a comptabilisé vingt nouveaux projets, découvertes de réserves ou contrats ayant trait à l'extraction d'énergies fossiles.

Or, comme l'a souligné le dernier rapport du GIEC, les émissions liées aux infrastructures fossiles existantes et actuellement planifiées nous projettent déjà vers un réchauffement global qui dépasse les + 1,5 °C. Dans ce contexte, plus aucun nouveau projet fossile ne doit être initié si nous voulons atteindre la neutralité carbone d'ici à 2050, selon l'Agence internationale de l'énergie.

Forages en pagaille

Durant l'année 2022, TotalEnergies a lancé *a minima* neuf nouveaux projets de production d'hydrocarbures. Le groupe industriel a commencé la première phase de développement du vaste champ pétrolier de Mero, situé à cent cinquante kilomètres au large de Rio de Janeiro (Brésil). « Ce démarrage permettra d'augmenter la production de TotalEnergies dans le bassin pré-salifère de Santos, une zone de croissance clé pour la compagnie [...], de 120 000 barils par jour à fin 2022 », s'est félicité en mai 2022 Patrick Pouyanné.

La compagnie pétrolière a aussi approuvé le développement du champ pétrolier de Ballymore, à cent vingt kilomètres des côtes de la Louisiane (États-Unis). Ou encore signé avec la compagnie qatarienne QatarEnergy un accord pour exploiter les gigantesques champs gaziers de North Field, dans le golfe Persique. Ce mégaprojet d'extraction de gaz naturel liquéfié est considéré comme une des plus importantes bombes climatiques de la planète[45] – il devrait dégager à lui seul 4 % des gaz à effet de serre que peut encore rejeter l'humanité si elle souhaite limiter le réchauffement du climat.

Mais c'est avant tout sur les ressources fossiles du continent africain que TotalEnergies a jeté son dévolu. Le 1er février 2022, le groupe a annoncé sa décision finale d'investissement pour le forage de 400 puits de pétrole en Ouganda ainsi que la construction de l'East African Crude Oil Pipeline (EACOP) – le plus grand oléoduc chauffé au monde, long de 1 443 kilomètres – pour acheminer l'or noir jusqu'aux côtes tanzaniennes (voir Partie III). Le projet devrait entrer en production dès 2025. Puis, en juillet, l'industriel a finalisé l'investissement pour développer en Angola cinq puits pétroliers d'ici à 2024 et deux projets de production de gaz fossile. De même au Nigeria où TotalEnergies a annoncé, toujours en juillet 2022, le démarrage de la production du champ pétrolier d'Ikike.

Résultat : TotalEnergies est actuellement le premier développeur de pétrole et de gaz en Afrique, alors que le continent, responsable de moins de 4 % des émissions mondiales, subit déjà de plein fouet les conséquences des dérèglements climatiques. Le Fonds monétaire international estime que le nombre de personnes touchées par des catastrophes climatiques est trois fois plus élevé dans les pays africains fragiles que dans les États du Nord[46]. À titre d'illustration, en 2023, les catastrophes climatiques en Afrique ont affecté 34 millions d'individus et entraîné 15 700 décès[47].

Champion du monde des fossiles

Mediapart a par ailleurs inventorié huit annonces de découverte et d'exploration de nouveaux gisements pétrogaziers de la part de TotalEnergies, traduisant la volonté de la compagnie de perpétuer sa production d'énergies fossiles.

Le groupe a ainsi réalisé en 2022 des découvertes importantes d'hydrocarbures au large de la Namibie, de Chypre, du Brésil ou du Suriname. En mars de cette année, la multinationale a obtenu du gouvernement d'Afrique du Sud l'autorisation d'effectuer des études de prospection pendant quatre mois au large du pays. Puis, en juillet, TotalEnergies a déposé un rapport d'impact environnemental en vue de forer jusqu'à cinq puits d'exploration dans les eaux profondes sud-africaines.

Enfin, trois accords internationaux aux États-Unis, en Corée du Sud et en Algérie pour étendre les capacités de production ou d'importation de gaz du groupe ont été dénombrés. Au total, si l'intégralité du pétrole et du gaz des projets dans lesquels TotalEnergies a investi en 2022 est brûlée, cela représenterait au minimum 500 millions de tonnes de CO_2 larguées dans l'atmosphère[48]. Soit 1,25 fois plus que les émissions annuelles de gaz à effet de serre de la France.

En 2022, le fleuron français est ainsi devenu le champion mondial privé de l'approbation de nouveaux projets pétrogaziers, bien loin devant d'autres géants industriels comme Shell ou ExxonMobil. À l'horizon 2030, le groupe produira deux fois plus d'énergies fossiles que ce que recommande le GIEC.

Mais qu'on se rassure. À la COP27 de Charm el-Cheikh, Patrick Pouyanné l'a souligné : « On sait bien que les énergies fossiles font partie des problèmes. Je crois fondamentalement qu'on fait partie des solutions. »

Les renouvelables comme totem d'immunité

Afin de faire passer la pilule fossile, TotalEnergies a adopté une stratégie imparable : utiliser les énergies renouvelables pour verdir ses plateformes pétrogazières. Bloom, ONG de lutte contre la destruction des océans et des pêcheurs, a en mai 2023 comptabilisé que la compagnie a évoqué dans 80 % de ses annonces de nouveaux projets pétrogaziers des investissements simultanés « dans les énergies renouvelables, des projets de capture et de séquestration de carbone, ou des ruptures technologiques promettant une moindre intensité carbone[49] ».

Pour son projet de développement des immenses champs gaziers de North Field, au large des côtes qatariennes, Patrick Pouyanné a ainsi expliqué en septembre 2022 que l'infrastructure d'extraction du gaz sera en partie alimentée en électricité par l'une des plus grandes centrales solaires du Moyen-Orient, dont le pétrolier tricolore est partenaire. Le 18 octobre 2022, à l'inauguration de cette centrale forte de 2 millions de panneaux solaires, TotalEnergies a assuré : « Ce projet géant, qui contribue activement au développement durable du Qatar, démontre une nouvelle fois la capacité de TotalEnergies à accompagner les pays producteurs dans leur transition énergétique. »

En Ouganda et en Tanzanie, TotalEnergies communique sur le fait que son mégaprojet pétrolier EACOP aura « une connexion primaire à une série de cinq fermes solaires ». En Argentine, c'est « la mise en place de parcs éoliens ou de systèmes de récupération de la chaleur » qui accompagnera l'exploration d'un gisement gazier au large de la Terre de Feu. Idem en Angola, où les velléités d'exploitation pétrogazière de TotalEnergies sont toujours présentées en même temps qu'un projet de centrale solaire photovoltaïque afin de « participer à la décarbonation du mix énergétique angolais ».

Selon Bloom, TotalEnergies met en avant des investissements plus spécifiquement dans le solaire ou l'éolien dans 66 % de ses communiqués faisant état de nouveaux projets fossiles. « Brandir son portefeuille dans les énergies renouvelables comme un totem d'immunité, telle est la méthode TotalEnergies », dénonce l'ONG. « C'est une fabrique du doute aux dimensions industrielles que TotalEnergies déploie ainsi sous nos yeux. »

Les projets en Afrique du Sud sont un bon exemple de ce greenwashing. L'entreprise s'apprête à y investir 3 milliards de dollars pour exploiter deux gisements de gaz offshore. S'il était consommé, le volume de gaz contenu dans l'ensemble des deux gisements équivaudrait au moins, en termes de gaz à effet de serre, à ce que rejette chaque année dans l'atmosphère un pays comme la France.

Qu'importe. En réponse à une vaste mobilisation citoyenne qui demandait l'arrêt de ce projet mortifère, TotalEnergies a annoncé en novembre 2022 qu'elle développait « un portefeuille d'énergies renouvelables solaires et éoliennes en Afrique du Sud [qui contribue] à l'évolution du mix énergétique national ». Mais ces projets devraient produire environ 1,2 TWh par an d'énergies renouvelables. Soit 30 à 60 fois moins que l'énergie fossile fournie par l'exploitation des deux gisements gaziers offshore sur lesquels mise la compagnie. « Voilà comment TotalEnergies mobilise le joker des énergies renouvelables en Afrique du Sud pour prétendre incarner une "évolution du mix énergétique" hors du monde des énergies fossiles », conclut Bloom.

Des profits réorientés vers le pétrole

En février 2023, la compagnie a annoncé un bénéfice net de 19,1 milliards d'euros pour l'année 2022. Un record historique. TotalEnergies a-t-elle décidé d'injecter ses superprofits mirifiques dans les énergies renouvelables, pour, comme elle l'ambitionne, relever le défi du chaos climatique ? Aucunement. Pire, elle a encore davantage investi dans les énergies fossiles.

Pour chaque euro que TotalEnergies a déclaré consacrer aux « énergies à faible émission de carbone » en 2022, l'entreprise a investi huit fois plus dans le pétrole et le gaz, ainsi que pour enrichir ses actionnaires *via* des dividendes ou des rachats d'actions[50]. Une manne d'argent déversée dans l'expansionnisme fossile : la compagnie se trouve en passe d'approuver, d'ici à 2025, de nouveaux sites pétrogaziers qui rejetteront pendant toute leur durée de vie près de quatre fois ce qu'émet la France en une année.

« Les projets et les investissements de TotalEnergies sont en contradiction flagrante avec l'urgence de sortir des énergies fossiles », résume David Tong, de l'ONG américaine Oil Change International. « En continuant à privilégier la production de pétrole et de gaz, l'entreprise sape les efforts mondiaux pour limiter le réchauffement de la planète. »

Actuellement, TotalEnergies est liée, en tant qu'actionnaire ou opérateur, à 23 bombes carbone, ces immenses sites d'extraction d'énergie fossile identifiés par les scientifiques comme ayant le plus gros potentiel d'émissions au cours de leur cycle de vie. À elles seules, ces 23 méga-infrastructures pétrogazières pourraient, si elles étaient pleinement exploitées, entraîner le rejet de plus de 60 milliards de tonnes d'équivalent CO_2. Soit 12 % du volume de gaz à effet de serre – le « budget carbone » – que peut encore émettre l'humanité pour contenir l'emballement climatique sous les + 1,5 °C[51].

Une de ces bombes climatiques a été présentée le 13 septembre 2023. TotalEnergies souhaite extraire 200 000 barils de pétrole par jour du large du Suriname, petit pays voisin de la Guyane française. Le projet est estimé à 9 milliards de dollars. La décision finale d'investissement dans cette ancienne colonie néerlandaise est attendue pour fin 2024, avec un objectif de production en 2028.

Quinze jours après cette annonce, à l'occasion d'une « journée investisseurs » à New York, le géant pétrolier a informé qu'il allait « augmenter sa production d'hydrocarbures de 2 % à 3 % par an » d'ici à 2028. Sans oublier de souligner que, bien entendu, la firme est attachée à « mettre en œuvre sa stratégie de transition ».

INONDER LA FRANCE DE GAZ RUSSE

Avant le terrible conflit en Ukraine, 40 % du gaz consommé en Europe provenait par pipeline de Russie. Un an plus tard, l'Union européenne (UE) a réussi à réduire drastiquement ces importations gazières. Elles ont chuté de près de trois quarts dès fin 2022. L'objectif était de « mettre fin à la dépendance de l'UE à l'égard des combustibles fossiles russes » et de « lutter contre la crise climatique », *dixit* la Commission européenne. En octobre 2022, cette dernière clamait : « L'UE ne peut plus continuer d'être dépendante d'un fournisseur qui bafoue ouvertement nos valeurs et la paix en Europe. »

Afin de pallier cette réduction, la Commission a proposé dès mars 2022 de diversifier les sources d'approvisionnement du « vieux continent », notamment « grâce à une augmentation des importations de gaz naturel liquéfié (GNL) » issu « de fournisseurs non russes ». En conséquence, les pays de l'UE ont signé à la hâte des contrats d'approvisionnement avec les États-Unis et le Qatar, grands producteurs mondiaux de GNL, et ont annoncé la construction d'une trentaine de terminaux d'importation de gaz liquéfié.

Mais, paradoxalement, la Russie est devenue en 2022 le deuxième fournisseur de GNL pour les pays européens, d'après des données de la Commission compilées par Les Amis de la Terre[52]. Les importations de GNL russe en Europe ont même augmenté de 46 % entre janvier et septembre 2022 par rapport à la même période en 2021. « Un véritable non-sens, puisque la ruée vers le GNL était politiquement justifiée par la nécessité de se défaire de notre dépendance aux énergies fossiles russes, en réaction à la guerre en Ukraine », dénonce l'ONG écologiste.

Cette absurdité s'explique par le fait que, s'il existe un embargo sur le charbon et le pétrole russes, aucune sanction n'est encore prévue pour l'importation de gaz russe. En outre, des problèmes de maintenance côté russe et le sabotage des gazoducs Nord Stream – reliant la Russie à l'Europe – en septembre 2022 ont conduit à une forte diminution des achats de gaz russe importé par pipeline.

Accro au GNL sibérien

Entre le début de la guerre en Ukraine, en février 2022, et la fin 2023, la France a acheté pour 7 milliards d'euros de GNL à la Russie, hissant l'Hexagone dans le top 10 des plus gros importateurs mondiaux de gaz russe. Et, pour se fournir, l'État français s'appuie sur TotalEnergies.

La multinationale énergétique détient en effet des actifs russes dans le secteur gazier. Si elle affirme s'être retirée de ses champs pétrogaziers de Kharyaga et de Termokarstovoye en réaction à l'agression russe en Ukraine, elle possède encore 19,4 % du capital du producteur russe Novatek et 20 % du consortium Yamal LNG, un gigantesque complexe de production de GNL situé en Sibérie. En 2022, Yamal LNG a même enregistré un record de production, avec 21 millions de tonnes de GNL exportées.

Selon les données du trafic des méthaniers recueillies par Bloomberg et analysées grâce à des experts, un quart de cette production a été exporté directement vers la France – le deuxième importateur étant la Chine (23 %). En comparaison, d'après les mêmes données, la Grande-Bretagne a stoppé, dès le déclenchement de la guerre en Ukraine, toute livraison de gaz depuis Yamal GNL. Contacté par Mediapart à propos de cette ruée française sur le GNL russe, le ministère de la Transition énergétique a alors expliqué que la France « est un point d'entrée pour les livraisons de GNL à destination des pays européens » et que « la consommation de gaz y a fortement baissé, le plan de sobriété énergétique lancé par le gouvernement ayant porté ses fruits ces derniers mois ».

Des dividendes « tachés de sang »

Les banques et oligarques russes ont, dès le début du conflit, été frappés de sanctions européennes. Ainsi, le milliardaire Guennadi Timtchenko, un proche de Vladimir Poutine qui a un temps coprésidé avec le PDG de TotalEnergies le conseil économique de la Chambre de commerce et d'industrie franco-russe, a dû, en mars 2022, démissionner du conseil d'administration de la firme gazière Novatek. Par ailleurs, en décembre 2022, TotalEnergies a annoncé qu'elle retirait ses administrateurs de Novatek et qu'elle enregistrait dans ses comptes de 2022 une dépréciation de ses actifs dans l'entreprise russe de 3,7 milliards de dollars.

Toutefois, malgré les sanctions et ce retrait du conseil d'administration de Novatek, TotalEnergies est parvenue à rapatrier 1,5 milliard de dollars de dividendes pour l'année 2022. Des dividendes engrangés donc en pleine guerre en Ukraine grâce à des parts dans une entreprise russe et dans un site industriel considéré comme une bombe climatique.

Le conseiller économique du président ukrainien Volodymyr Zelensky, Oleg Ustenko, et le conseiller présidentiel Mykhaïlo Podoliak ont écrit en septembre 2022 à TotalEnergies pour dénoncer ces dividendes « tachés de sang », estimant qu'ils devraient être récupérés pour assurer la « reconstruction de l'Ukraine »[53]. Mais les pays européens n'ont pas interdit à leurs entreprises de toucher des dividendes en Russie.

Quant au GNL, il est néfaste pour le climat. Selon une étude du cabinet Carbone 4, sa production et son transport par cargo émettent 2,5 fois plus de gaz à effet de serre que pour le gaz acheminé par pipeline[54]. « L'empreinte carbone du GNL est supérieure d'au moins 20 % à celle du charbon », explique Robert Howarth, chercheur à l'université Cornell, aux États-Unis, et spécialiste de l'impact du gaz sur le climat. « Le GNL est bien pire que le charbon pour le climat. Il représente un terrible pas dans la mauvaise direction. » Dans son rapport annuel de juin 2022, le Haut Conseil pour le climat a alerté : alors que le rythme annuel de réduction des émissions de l'Hexagone devra doubler sur la période 2022-2030, « la substitution du gaz russe par du gaz importé sous forme de GNL pourrait générer [...] une augmentation de l'empreinte carbone de la France ».

Sollicitée par Mediapart, TotalEnergies a répondu qu'elle respectait « les sanctions européennes et les contre-sanctions russes dans l'exercice de [ses] activités en Russie ». Mais la firme a ajouté qu'elle « a rappelé dans ses principes d'action pour ses activités en lien avec la Russie son devoir de contribuer à la sécurité de l'approvisionnement énergétique gazier de l'Europe à partir de l'usine Yamal LNG dans le cadre de contrats à long terme qu'elle se doit d'honorer tant que les gouvernements européens ne prennent pas de sanctions contre le gaz russe ».

Et, en effet, l'entreprise française est engagée avec Novatek dans un contrat de fourniture de GNL qui porte encore sur une vingtaine d'années. Le 8 février 2023, alors que TotalEnergies avait annoncé le matin un bénéfice net record de 19,1 milliards d'euros pour l'année 2022, Patrick Pouyanné a lâché, lors d'un échange avec les investisseurs, que le contrat à long terme de fourniture de GNL était surtout « une source de cash assez importante ».

Mais le PDG de TotalEnergies a aussi confié dans un entretien à *Ouest-France* en juin 2022 que « ce sont les autorités européennes qui [leur] ont demandé de continuer à fournir les consommateurs européens car ils ne peuvent pas encore s'en passer[55] ». Contactés par Mediapart, ni la Commission européenne ni le ministère de la Transition énergétique n'ont voulu réagir à cette affirmation.

Anne-Sophie Corbeau, chercheuse spécialiste des marchés gaziers, estime pour sa part qu'« il est très pratique pour tout le monde de fermer les yeux sur les flux de GNL russe » vers les pays européens. L'augmentation fulgurante des importations de gaz russe est en train d'accroître dangereusement, relève-t-elle, la capacité pour « la Russie d'utiliser le GNL comme une arme de chantage géopolitique » contre l'Europe.

Qu'importe. Le 23 juin 2023, les pays membres de l'UE ont approuvé un onzième train de sanctions pour tenter d'affaiblir Moscou : aucune ne concernait le gaz russe. Ce même mois, Patrick Pouyanné expliquait que, « pour l'instant, l'Union européenne nous dit de continuer [à exporter du GNL russe] ». Puis il assurait, sans ambages : « TotalEnergies est le groupe pétrolier le plus impliqué dans la transition énergétique[56]. »

LE PLASTIQUE, NOUVELLE BOMBE CLIMATIQUE

L'information est passée inaperçue. Pour cause : elle a été communiquée juste avant Noël 2022, dans la torpeur des vacances de fin d'année. TotalEnergies et Saudi Aramco, le plus gros groupe pétrolier mondial, ont annoncé conjointement par communiqué de presse le lancement d'un « complexe pétrochimique géant en Arabie saoudite ». Baptisé « Amiral », ce site de « taille mondiale » représente un investissement de plus de 10 milliards d'euros, pour un démarrage prévu en 2027. L'objectif de cette méga-usine : fabriquer des matières plastiques à partir de pétrole.

Le plastique est en effet issu à 99 % de composés fossiles. Il est notamment fabriqué à partir de naphta, un liquide issu de la distillation du pétrole, et sa production est classée au rang des industries les plus énergivores du monde.

Pourquoi les pétroliers misent-ils si gros sur le plastique ? Les ressources en énergies fossiles s'épuisant, et voulant anticiper la fin progressive des moteurs à essence dans les pays du

Nord, les multinationales de l'or noir cherchent de nouveaux gisements de croissance pour valoriser leurs barils de brut. Or utiliser le pétrole pour produire les matériaux plastiques présents dans les emballages, les ordinateurs, les smartphones, les détergents ou les vêtements s'avère juteux car la demande explose.

Selon l'Organisation de coopération et de développement économiques (OCDE), la consommation de plastique a en effet quadruplé en trente ans sous l'impulsion des marchés émergents. Les perspectives de profits s'annoncent mirifiques : alors qu'en Amérique du Nord la consommation de plastique par habitant et par an dépasse déjà les 200 kilos, elle est de l'ordre de 45 kilos seulement en Chine, à peine une dizaine en Inde – deux pays en pleine croissance.

« Ce sera l'un des projets les plus profitables de notre portefeuille[57] », s'est réjoui Patrick Pouyanné, le patron de TotalEnergies, en 2018, lorsque les deux groupes pétroliers ont annoncé un premier accord pour le complexe Amiral. Amin Nasser, le PDG de la compagnie saoudienne Saudi Aramco, a pour sa part souligné : « Le secteur de la pétrochimie a connu une croissance significative au niveau mondial, il constitue l'un des futurs moteurs de la croissance[58]. »

La pétrochimie mondiale dévore déjà 15 % de la production pétrolière et représente « la principale source de croissance de l'utilisation du pétrole[59] », selon l'Agence internationale de l'énergie (AIE). Au rythme actuel de production, le pétrole sera à terme davantage utilisé pour fabriquer du plastique que comme carburant pour les voitures.

Boom climaticide

Aujourd'hui, une tonne de plastique finit dans l'océan toutes les trois secondes. Selon le programme de l'ONU pour l'environnement, les plastiques représentent « au moins 85 % du total des déchets marins » et constituent l'une des principales menaces pour la préservation de notre planète. Ce sont 1,4 million d'oiseaux et 14 000 mammifères marins qui meurent tous les ans à cause de l'ingestion de plastique. Par ailleurs, les microplastiques sont désormais omniprésents dans la chaîne alimentaire humaine.

Ce matériau représente également une menace grandissante pour le climat. Selon les Nations unies, son industrie est, parmi les sources mondiales de gaz à effet de serre industriel, celle qui connaît la croissance la plus rapide. Rien qu'en 2019, la production et l'incinération du plastique avaient rejeté plus de 850 millions de tonnes de gaz à effet de serre dans l'atmosphère – soit presque autant que ce qu'a émis l'Allemagne durant cette même année. Et, si le plastique se développe comme prévu aujourd'hui, d'ici à 2030 ses émissions pourraient atteindre 1,34 gigatonne par an, l'équivalent de près de 300 centrales à charbon[60]. « Nos économies sont fortement dépendantes des produits pétrochimiques, mais le secteur fait l'objet de beaucoup moins d'attention qu'il ne le devrait », alertait, dès 2018, Fatih Birol, directeur exécutif de l'AIE. « La pétrochimie est l'un des principaux angles morts du débat mondial sur l'énergie[61]. »

Les géants pétrogaziers investissent massivement dans le plastique, en particulier sur le continent asiatique où se concentrent

80 % des complexes pétrochimiques que le secteur fossile compte construire d'ici à 2025. Le top départ vers cette nouvelle manne de pétro-profits a été sifflé par Saudi Aramco, le premier exportateur mondial de pétrole, qui a engrangé en 2022 des bénéfices record de 161 milliards de dollars. En novembre 2018, son patron, Amin Nasser, a en effet annoncé que sa firme allait investir au cours de la prochaine décennie 100 milliards de dollars dans la pétrochimie. « L'énorme croissance de la demande de produits chimiques nous ouvre une fantastique fenêtre d'opportunité », s'est-il félicité. « Mais de telles fenêtres, par leur nature même, n'offrent un maximum de bénéfices qu'à ceux qui agissent rapidement[62]. »

Pour tisser son maillage d'usines de plastique à travers l'Asie, Saudi Aramco s'allie à d'autres industriels, comme l'américain ExxonMobil, le malaisien Petronas ou le français TotalEnergies. Pour leur pôle pétrochimique pharaonique Amiral, la multinationale saoudienne et la compagnie hexagonale prévoient de s'installer à Al-Jubail, sur la côte est de l'Arabie saoudite, où les deux firmes exploitent depuis 2014 une raffinerie géante, considérée comme l'une des plus rentables au monde.

Contactée par Mediapart, TotalEnergies explique que le complexe produira chaque année, à destination « du marché domestique et asiatique essentiellement », un million de tonnes de polyéthylène, la matière plastique la plus commune, qui entre dans la fabrication de nombreux produits de notre vie quotidienne (emballages, bouteilles, sacs plastiques, câbles, etc.). Interrogée sur l'impact climatique d'Amiral, la multinationale a répondu que « ce projet s'inscrit pleinement dans l'objectif de la compagnie d'atteindre la neutralité carbone d'ici 2050 et dans [son] ambition de promouvoir une économie circulaire des plastiques en Arabie saoudite ». Et d'ajouter : « Le pétrole sera au service de la fabrication de plastiques, notamment issus du recyclage, et qui contribuent à l'amélioration de l'efficacité énergétique de nombreuses applications finales. »

Lobbying plastique

Les 15 et 16 avril 2023 se sont réunis au Japon les ministres du climat, de l'environnement et de l'énergie des pays du G7. Dans leur déclaration finale, les sept grandes puissances économiques mondiales se sont engagées à « mettre fin à la pollution plastique, avec l'ambition de réduire à zéro toute pollution plastique supplémentaire d'ici à 2040 » avec pour objectif la mise en place d'un traité juridiquement contraignant. Des engagements bien modestes qui peinent à contrer les investissements monstres de TotalEnergies et Saudi Aramco dans le secteur.

Pis, en juin 2023, pour un cycle de négociations onusiennes à Paris destinées à élaborer cet accord international anti-pollution plastique, Mediapart, qui a eu accès à la liste des délégués accrédités, a comptabilisé *a minima* 190 représentants des intérêts privés du plastique. Parmi les lobbyistes se trouvaient des émissaires d'Entreprises pour l'environnement, une association d'industriels français présidée par le PDG de TotalEnergies. Deux autres structures dont la compagnie pétrolière est membre, Alliance to End Plastic Waste – ONG fondée par l'industrie fossile – et Plastics Europe – lobby du plastique, dont le représentant français accrédité est un ancien cadre de TotalEnergies –, ont aussi été autorisées à suivre les négociations.

« Ces lobbys pétroliers déploient une stratégie de diversion pour ne pas parler du cœur du problème : la nécessité vitale de réduire la production de plastique », explique Delphine Lévi Alvarès, coordinatrice internationale de la campagne Break Free From Plastic. Résultat : ce round de discussions s'est achevé par des tractations bien en-deçà de l'enjeu de la pollution plastique, reportant à la fin 2024 les décisions majeures, comme la fixation d'objectifs contraignants en matière de réduction des plastiques. « Les actions des producteurs de pétrole et de l'industrie des combustibles fossiles lors des négociations montrent clairement qu'ils ont l'intention de retarder et d'affaiblir le traité », se désole Marian Ledesma, une responsable de Greenpeace Asie du Sud-Est. « Ce qui est inacceptable compte tenu de l'urgence et de la gravité des crises du plastique et du climat, qui ont eu de graves répercussions sur les populations et les écosystèmes dans le monde entier. »

Quelques jours après ces négociations internationales à Paris, TotalEnergies et Saudi Aramco ont célébré devant la presse, lors d'une cérémonie de signature près d'Al-Jubail, le coup d'envoi officiel des travaux de construction de leur mégaprojet plastique Amiral. En 2018, le groupe saoudien, en partenariat avec la compagnie française, avait déjà invité des journalistes à visiter ses installations pétrochimiques à

Al-Jubail. Vantant le mégaprojet Amiral, Patrick Pouyanné s'était félicité devant eux : grâce au plastique, « l'industrie pétrolière a encore de beaux jours devant elle[63] ».

III

CO_2LONIALISMES

Dans les cinq continents, Total va de l'avant.

Slogan publicitaire, 1964.

TILENGA-EACOP, LE MÉGAPROJET SYMBOLE DU COLONIALISME FOSSILE

De l'aveu même de Patrick Pouyanné, le projet de TotalEnergies en Ouganda est devenu « le symbole du combat antipétrole[64] ». Et pour cause. À l'horizon 2025, la compagnie française prévoit de percer 400 puits pétroliers en bordure d'un des plus grands lacs d'Afrique, le lac Albert. Un tiers des forages sont situés à Murchison Falls, le plus vaste parc naturel du pays, connu pour ses chutes d'eau vertigineuses.

Pour exporter le pétrole extrait de cette infrastructure baptisée « Tilenga » (contraction de deux mots de deux langues locales signifiant « antilope »), TotalEnergies projette de construire un oléoduc long de 1 443 kilomètres. Soit la distance entre Paris et Rome. Baptisé le East African Crude Oil Pipeline (EACOP), il doit longer le lac Victoria, première réserve d'eau douce du continent et une des sources du Nil. Il s'agira du plus long pipeline chauffé et enterré du monde, transportant du pétrole maintenu en permanence à 50 °C pour l'acheminer à l'état fluide jusqu'au port de Tanga, en Tanzanie. De là, l'or noir sera expédié par navires-citernes pour inonder les marchés internationaux.

Le projet Tilenga est porté à 57 % par TotalEnergies, en partenariat avec le pétrolier chinois CNOOC et le gouvernement ougandais. L'oléoduc géant EACOP est pour sa part détenu à 62 % par la firme française, le reste étant partagé entre les États ougandais et tanzanien ainsi que CNOOC.

Violations des droits humains

En février 2022, depuis Kampala, la capitale de l'Ouganda, TotalEnergies et ses partenaires ont annoncé en grande pompe leur décision finale d'investissement pour ce mégaprojet. Au total, plus de 8 milliards d'euros ont été mis sur la table pour siphonner le pétrole ougandais.

« Avec cette décision, TotalEnergies confirme son souhait de s'associer avec un des plus vieux dictateurs militaires du continent africain, Yoweri Museveni », s'est insurgée Pauline Tétillon, coprésidente de Survie. « Ce dernier a expliqué souhaiter "expulser [de la zone pétrolière] les ONG" qui cherchent à dénoncer les violations des droits humains et les atteintes à l'environnement. Celles-ci font déjà l'objet de pressions croissantes. »

Dans sa brochure de présentation de Tilenga-EACOP, TotalEnergies annonce que 6 400 hectares de terres ont été acquises pour y forer les puits et dérouler le pipeline géant. Parmi les personnes affectées, 5 000 « seront relogées à proximité et dans de meilleures conditions », assure le pétrolier. TotalEnergies affirme avoir mis en œuvre des compensations monétaires et/ou en nature « selon les meilleurs standards internationaux ».

Mais, derrière les images photoshopées d'Ougandais souriant devant leur maison toute neuve, se cache une autre réalité sociale. Survie estime, avec l'ONG Les Amis de la Terre, que plus de 118 000 personnes sont concernées par des expropriations totales ou partielles de leurs terres. Grâce à des enquêtes de terrain, les deux organismes ont identifié en Ouganda de nombreuses violations des droits humains. Ils ont constaté que des milliers d'Ougandais restaient dans l'attente d'une compensation, empêchés d'utiliser librement leurs terres, tandis que celles et ceux qui critiquaient le projet ou faisaient simplement valoir leurs droits subissaient des actes d'intimidation.

« Ils nous ont dit d'arrêter d'utiliser la terre. [...] Ils nous ont dit que toute personne que nous trouverons [sur ces terres] sera poursuivie en justice. Tout le monde a cessé d'utiliser la terre parce qu'ils avaient peur », témoigne Fred Mwesigwa, agriculteur ougandais concerné par le projet. « J'ai essayé d'utiliser mon terrain en octobre 2018 parce que la situation était très difficile pour moi et ma famille, et j'ai reçu de nombreuses menaces. » En décembre 2019, ce leader communautaire a été agressé à son domicile et a subi des menaces de mort après avoir témoigné dans le cadre d'un procès intenté à TotalEnergies pour ses activités en Ouganda.

« J'ai passé trois ans avant de recevoir une compensation, je n'avais rien à manger », rapporte pour sa part Kennedy Wanderae, également impacté. « J'ai reçu une aide alimentaire qui était inadéquate car j'ai douze personnes qui ont été enregistrées par

TotalEnergies et ils avaient l'habitude de me fournir pour [une semaine] ce que nous consommons en deux jours. »

Selon Survie et Les Amis de la Terre, « de nombreuses personnes affectées indiquent avoir fait l'objet de pressions et d'intimidations de la part des employés de TotalEnergies ou de ses sous-traitants pour signer les documents qu'on leur tendait, et qui ont permis ensuite à TotalEnergies de prétendre que le processus d'expropriation se déroulait dans le respect des règles ». Pour les deux ONG, le consentement des personnes qui ont cédé leurs terres contre une compensation était, dans ces conditions, « vicié ». « Je n'ai pas signé librement l'accord, c'est parce que nous sommes frappés par la pauvreté que j'ai été obligée d'accepter », déclare ainsi, à propos de la réquisition de ses terres, l'agricultrice ougandaise Magrate Nyakato.

Le 24 janvier 2022, les quatre rapporteurs spéciaux des Nations unies sur la situation des défenseurs des droits de l'homme ont constaté « avec préoccupation les arrestations, les intimidations et le harcèlement judiciaire dont sont victimes les défenseurs des droits de l'homme et les ONG qui mènent leurs activités dans le secteur du pétrole et du gaz en Ouganda[65] ».

Maxwell Atuhura, défenseur des droits environnementaux et responsable à Buliisa de l'ONG Africa Institute for Energy Governance, a été arrêté arbitrairement à plusieurs reprises. « [En 2021] la police m'a posé des questions sur le pétrole [...] à un certain moment, ils m'ont traité de terroriste, de saboteur de programmes gouvernementaux », a-t-il témoigné à Human Rights Watch. Joss Kaheero Mugisa, ex-président de l'Oil and Gas Human Rights Defenders Association, a quant à lui été arrêté en octobre 2021 après des mois de menaces de la part de responsables locaux des forces de l'ordre et du gouvernement, qui lui demandaient de « cesser de travailler sur le projet pétrolier ». Mugisa a passé sept mois en prison avant d'être libéré en mars 2023. Depuis, la santé de ce soixantenaire se serait détériorée en raison des mauvaises conditions de détention[66].

Dans une enquête sur le projet publiée en décembre 2020, la Fédération internationale pour les droits humains (FIDH) dénonce, à propos de ces violences, la « réduction de l'espace civique » et le « climat d'impunité généralisée » qui règne dans la région du lac Albert. La structure pointe par ailleurs « les procédures défaillantes et les voies de recours inadaptées » en matière de droit à la terre, mais aussi « des barèmes d'indemnisation inadéquats » pour les personnes affectées par les projets, soulignant « le poids des retards dans l'indemnisation et la réinstallation ».

Dans ses conclusions, la FIDH appelle TotalEnergies à enquêter « sur les allégations de diffusion de désinformation et de menaces par ses employés ou ses sous-traitants ».

Accaparement des terres

En 2022, le chercheur indépendant Thomas Bart et le Tanzanien Baraka Lenga ont pu, en se cachant des autorités, réaliser la première enquête sur les impacts d'EACOP en Tanzanie[67]. Le régime répressif du pays avait jusqu'alors empêché les journalistes comme les experts des ONG de documenter les dangers du projet. Avant d'être repérés par les forces de police et contraints d'arrêter leurs investigations, ils ont réalisé plus de soixante-dix entretiens dans huit régions affectées par le tracé du pipeline.

Leur travail souligne d'abord les entorses aux droits humains liées au processus d'accaparement des terres. Il évoque ainsi l'absence de consultation préalable. Les témoignages montrent que nombre de Tanzaniens ont appris que leurs terres allaient être saisies à l'occasion de rencontres organisées en 2018 par les équipes de TotalEnergies et du projet EACOP, dans les locaux des autorités locales. « Ils ont dit qu'on serait directement indemnisés. Ils ont expliqué comment cela bénéficiera à la communauté avoisinante, et ont ajouté qu'il n'y aura pas d'impact négatif », rapporte John, sexagénaire habitant la région de Kigoma. « Ils ont dit que de nouveaux emplois seraient créés, en particulier pour les jeunes. »

D'autres personnes concernées ont rencontré pour la première fois les équipes de l'EACOP alors que ces dernières se trouvaient sur leur propriété, et effectuaient des études ou procédaient déjà à l'évaluation des terres.

Autre accroc aux droits humains : les terres auraient souvent été cédées sous la contrainte, et sans réelle possibilité de refus. « Pendant notre enquête, de nombreuses personnes affectées par le projet nous ont ainsi rapporté qu'elles ont signé uniquement parce qu'il n'y avait pas d'autre choix que d'accepter la compensation proposée par l'équipe du projet EACOP, et que si elles refusaient, elles perdraient tout de même leurs terres, sans aucune compensation », peut-on lire dans le rapport publié sous l'égide des Amis de la Terre et de Survie. « L'équipe de l'EACOP nous a dit que si nous ne signions pas, les terres seraient prises sans compensation, alors c'est pour cela que nous avons signé », explique un paysan de la région de Manyara. En outre, d'après les témoignages recueillis, l'acre de terre agricole (soit 0,404 hectare) est compensée par TotalEnergies à hauteur de 300 000 shillings tanzaniens pour une valeur évaluée localement entre 500 000 et 1 million de shillings.

Enfin, de multiples restrictions semblent avoir été imposées aux habitants en matière d'usage des terres agricoles. Les équipes de l'EACOP auraient en 2018 « totalement interdit aux familles de continuer à cultiver leurs terres » avant, l'année suivante, de limiter l'autorisation aux cultures saisonnières, de court terme.

Résultat : cette interdiction de cultures agricoles pérennes – et plus rémunératrices – menace la sécurité alimentaire des paysans. TotalEnergies a mis en place des distributions alimentaires, mais elles n'ont duré qu'un an, les quantités étaient limitées, et parfois étaient fournis des « sacs de nourriture remplis d'insectes ».

Saccager la biodiversité, saboter le climat

Des aires naturelles à l'importance critique, en matière d'espèces végétale comme animale menacées, se trouvent dans la zone d'extraction pétrolière et sur le tracé de l'EACOP. Le parc national de Murchison Falls abrite ainsi des éléphants, des girafes, des lions, des rhinocéros, des léopards et des hippopotames. En Ouganda, l'oléoduc traverse la réserve forestière de Taala et empiète sur celle de Bugoma, où vivent d'importantes populations de chimpanzés.

Arrivé en Tanzanie, l'EACOP fend la réserve de Biharamulo, refuge de nombreux zèbres ou du singe colobe rouge, puis sillonne à travers la steppe de Wembere, un lieu de passage essentiel pour plusieurs espèces rares de héron et pour les éléphants. « L'itinéraire proposé semble presque dessiné pour mettre en danger le plus grand nombre possible d'animaux[68] », a ironisé le journaliste et militant écologiste américain Bill McKibben dans une tribune publiée en 2020 dans *The New Yorker*.

Après s'être penché sur l'étude d'impact social et environnemental réalisée par TotalEnergies pour EACOP, le groupe d'experts E-Tech, spécialisé dans les répercussions écologiques des industries, anticipe que « des fuites de pétrole vont avoir lieu au long de la durée de vie du projet ». Un risque de fuite aggravé par l'activité sismique de la région. En septembre 2016, un séisme de magnitude 5,9 dont l'épicentre se trouvait à cinquante kilomètres du tracé de l'EACOP a fait une vingtaine de victimes.

Enfin, les infrastructures portuaires et de stockage du pétrole acheminé par l'EACOP bâties à Tanga, sur la côte tanzanienne, se trouveront au cœur d'un territoire sujet aux tsunamis et constellé de réserves marines fragiles. Elles seront ainsi proches du parc marin des Cœlacanthe-Tanga, une aire protégée qui héberge des cœlacanthes, une des espèces de poisson les plus rares au monde. De l'aveu même de Philippe Groueix, un des dirigeants de TotalEnergies en Ouganda : « Une seule erreur d'opération peut causer une catastrophe[69]. »

Quant à l'impact climatique des deux projets, il est considérable. Diana Nabiruma, représentante de l'Africa Institute for Energy Governance, une organisation ougandaise de défense des droits humains et de l'environnement, souligne : « Si l'on regarde le pétrole qui sera transporté dans l'oléoduc au moment du pic de production, EACOP à lui seul représente plus de 34 millions de tonnes de CO_2 émis chaque année[70]. » Bien plus que les émissions annuelles de l'Ouganda et de la Tanzanie réunies.

Alors que l'Agence internationale de l'énergie ou le GIEC insistent sur la nécessité, pour limiter l'emballement climatique à 1,5 °C, de se passer au plus vite du pétrole, TotalEnergies justifie Tilenga-EACOP par le fait que les émissions directes de ces infrastructures « sont en moyenne beaucoup plus faibles que celles générées par d'autres projets de même ampleur opérés par la compagnie[71] ».

Bataille judiciaire

Le 15 septembre 2022, le Parlement européen a adopté une résolution d'urgence dénonçant les violations des droits humains et les risques environnementaux majeurs causés par Tilenga-EACOP. Puis, en mai 2023, près de 200 scientifiques, parmi lesquels les climatologues Valérie Masson-Delmotte et Jean Jouzel, ont dénoncé via une tribune dans *Le Monde* la « bombe carbone » que représenterait l'oléoduc, un projet « absurde dans un monde qui verra la décroissance rapide des énergies fossiles ».

Le 27 juin 2023, vingt-six Ougandais affectés par ce projet, le défenseur ougandais des droits humains Maxwell Atuhura ainsi que cinq associations françaises et ougandaises ont pour leur part déposé au tribunal judiciaire de Paris un recours visant à demander réparation pour les violations des droits humains causées depuis 2017 par TotalEnergies dans la région concernée.

Cette action en réparation se fonde sur le devoir de vigilance qui, depuis une loi de 2017, oblige les grandes entreprises dont le siège social se trouve en France à mettre en œuvre un plan de vigilance qui identifie les risques engendrés par leurs activités, et permette de prévenir les atteintes graves aux droits humains ainsi qu'à l'environnement. Pour les demandeurs et demanderesses, TotalEnergies « n'a pas identifié les risques relatifs aux atteintes graves liées à son mégaprojet pétrolier ; elle n'a pas davantage agi quand elle a été alertée de leur existence, et elle n'a pas non plus mis en œuvre de mesures correctives une fois les violations des droits humains survenues ».

« Pour cette action en réparation, nous sommes partis pour un temps très long », explique Juliette Renaud, responsable de campagne aux Amis de la Terre France, une des associations parties au recours. « En France, TotalEnergies est la première entreprise fossile à qui il est demandé réparation », ajoute-t-elle.

En octobre 2019, toujours dans le cadre du devoir de vigilance, Les Amis de la Terre et cinq autres associations avaient assigné le groupe pétrolier en justice, afin d'empêcher, en amont, que le mégaprojet engendre des violations des droits humains – une procédure dite de « demande en injonction » qui permet de saisir le juge avant même la survenue des violations. Après un feuilleton de deux ans pour désigner la juridiction compétente, le tribunal judiciaire de Paris a jugé en février 2023 que le recours était « irrecevable », pour motif procédural – et non sur le fond du dossier.

En attendant l'issue de ces différentes procédures, les travaux d'ouverture des puits pétroliers ont débuté en juillet 2023 au cœur du parc naturel de Murchison Falls. TotalEnergies se veut rassurante : les plateformes de forage, de soixante mètres de haut, sont peintes de couleur beige « pour ressembler aux prairies de la savane environnante[72] ».

DERRIÈRE LE « GREENWASHING », L'EXPROPRIATION DE PAYSANS AU CONGO

Au cœur des plateaux Batéké, en République du Congo, Pulchérie Amboula cultive habituellement du manioc sur une parcelle de terre héritée de son père. Mais sa vie a été depuis peu bouleversée. Au printemps 2022, alors qu'elle s'apprêtait à rejoindre ses champs en tracteur, des gardes de sécurité en pick-up l'ont empêchée d'effectuer ses travaux agricoles.

« Nous ne travaillons plus. Nous n'avons plus de champs », se désole Pulchérie Amboula. « J'ai l'impression que ces gens sont venus pour nous tuer sur notre propre terre. » Les « gens » en question sont de TotalEnergies. En novembre 2021, le géant pétrolier a jeté son dévolu sur cette région de savanes située au nord de Brazzaville pour la plantation de millions d'acacias sur une surface de 40 000 hectares – quatre fois la superficie de Paris. Selon TotalEnergies, ce mégaprojet « vert » non seulement aidera les communautés locales mais séquestrera plus de 10 millions de tonnes de CO_2 sur vingt ans[73].

La compagnie émet chaque année autant de gaz à effet de serre que l'ensemble des Français. Mais Patrick Pouyanné, son patron, le promet : face au défi du changement climatique, la multinationale sera neutre en carbone d'ici à 2050. Pour continuer à produire du pétrole et à engranger des profits mirifiques, TotalEnergies a trouvé la parade : la compensation carbone. Soit, sur les plateaux Batéké, des plantations d'arbres en monoculture qui absorberont le carbone dans l'atmosphère. Ce CO_2 sera ensuite déduit du bilan climat du groupe.

Le projet de TotalEnergies en République du Congo représente toutefois une goutte d'eau face à l'océan de carbone rejeté par la firme. À terme, et en se fondant sur les chiffres annoncés par le pétrolier lui-même, cette forêt artificielle n'absorbera sur 20 ans que 2 % de ce qu'émet TotalEnergies en une année. En somme, une vaste opération de greenwashing.

Mediapart a pu consulter des documents internes au gouvernement de la République du Congo qui démontrent que l'opérateur de ce projet pour TotalEnergies a, avec l'aide de l'État congolais, exproprié de leurs terres ancestrales une dizaine de familles de propriétaires fonciers. Leurs champs seraient cultivés par plus de quatre cents personnes : on mesure l'impact de l'opération sur la sécurité alimentaire de la région.

D'après les documents et les témoignages recueillis sur la zone du projet, ces familles de propriétaires fonciers ont été dépossédées de leurs terres en échange d'une compensation globale de 76 000 euros à se partager – à peine cinq jours de salaire de Patrick Pouyanné. Certains foyers n'ont même pas été indemnisés.

« Aujourd'hui, les populations pleurent, et amèrement », témoigne Maixent Jourdain Adzabi, représentant d'une famille qui n'a pas été dédommagée financièrement. « Nous n'avons plus d'espace pour travailler, ils ont tout pris ! Mais quel sera le sort de nos enfants ? Nous ne vivons que grâce à nos champs. Nous n'avons rien d'autre. »

Contactés, TotalEnergies et l'opérateur du projet ont répondu dans une déclaration commune que « le projet produira des co-bénéfices sociaux significatifs. Cela inclut notamment la création d'emplois directs et indirects dans la région, avec l'embauche de chefs d'équipe, de travailleurs saisonniers, d'ingénieurs et de techniciens. Les opportunités d'emploi permettront une forte implication des femmes et des populations autochtones dans ce projet ».

L'État congolais au service de la firme

La plupart des habitants des plateaux Batéké dépendent de l'agriculture. Les terres de ce territoire sont fertiles et fournissent la capitale, Brazzaville, en fruits et légumes. Au moins six agriculteurs et agricultrices ont déclaré en mars et en septembre 2022 avoir été empêchés de cultiver leurs parcelles pour laisser place au projet de compensation carbone de TotalEnergies. « On ne peut pas accéder à nos cultures en plein champ et non récoltées à ce jour car ils refusent que nos tracteurs passent faire le travail », explique Clarisse Parfaite Louba, agricultrice sur les plateaux.

À proximité des plants de manioc délaissés de Pulchérie Amboula a été installé un panneau sur lequel on lit : « Votre champ se trouve sur le domaine Forest Neutral Congo (FNC). Il a été identifié et mesuré. » Opérateur du projet pour le compte de TotalEnergies au Congo, FNC est une filiale de Forêt ressources management, une entreprise française basée à Mauguio, dans l'Hérault, qui « œuvre pour la gestion forestière durable en forêt tropicale ».

Durant l'été 2020, une mission interministérielle congolaise est venue sur les plateaux Batéké pour identifier les « potentiels propriétaires terriens » et « sensibiliser les populations au projet de reboisement du groupe Total », ainsi que la présente un rapport interne au gouvernement consulté par Mediapart. Dans la foulée, le gouvernement a rendu le 18 septembre un décret déclassant 70 000 hectares de terres de la zone concernée en « domaine privé de l'État [...] en vue de la conclusion d'un bail emphytéotique entre le gouvernement de la République du Congo et la société Forest Neutral Congo (FNC) ». Six semaines plus tard, le 3 novembre, l'État congolais a signé avec FNC un contrat prévoyant la location pour soixante ans de ces 70 000 hectares. Dans ce bail auquel Mediapart a eu accès, le gouvernement garantit « l'éviction » de « tous prétendus propriétaires terriens, détenteurs de droits traditionnels et coutumiers qui revendiqueraient des terres ».

Selon ce contrat, le loyer pour FNC est d'environ 100 000 euros par an, avec un versement supplémentaire annuel de 26 000 euros destinés à un fonds pour le développement local. FNC et TotalEnergies ont répondu à Mediapart que « le développement du projet tiendra compte des droits d'usage coutumiers ». Selon eux, « tous les champs de manioc du site sont restés intacts » et toutes les personnes impactées « se verront proposer des alternatives ».

Une consultation biaisée

Ce n'est qu'en septembre 2021, près d'un an après la signature du bail entre le gouvernement et FNC actant l'expulsion des populations, que deux cycles de consultation avec les communautés locales ont été ouverts. À la suite de ces réunions, neuf représentants des propriétaires concernés par la mégaplantation de TotalEnergies ont signé un protocole d'accord actant, en contrepartie de leurs terres, la réception d'une indemnité forfaitaire « symbolique » de 50 millions de francs CFA – environ 76 000 euros. Ce protocole, consulté par Mediapart, précise que ce versement est effectué « en vue de l'apurement des droits coutumiers de toutes les populations et de lever tous les droits d'usage desdites familles sur ces terres ».

Rosalie Matondo, ministre congolaise de l'Économie forestière, s'est déplacée le 6 novembre suivant en hélicoptère sur les plateaux Batéké pour une cérémonie officielle de cession des terres. Aux familles expropriées elle a lancé : « Soyez fiers de ce que vous allez contribuer à la lutte contre le changement climatique parce que vous avez mis à la disposition du gouvernement ces terres qui vont permettre à notre partenaire TotalEnergies de mettre en place ce projet de puits de carbone. »

La satisfaction de la ministre masque mal le fait que la consultation a donné lieu à de nombreux désaccords avec les populations concernées. Le rapport interne au gouvernement sur le projet fait état de deux litiges impliquant plusieurs groupes familiaux ou représentants locaux, qui ont revendiqué leurs droits sur des terres impactées. Une des familles aurait même boycotté la visite de la ministre de l'Économie forestière. Dans un des deux litiges, les familles semblent avoir été finalement indemnisées.

Mais, au moins une famille dont les terres ont été réquisitionnées, celle des Nkonon, n'a reçu aucun dédommagement financier. Si elle figure parmi les propriétaires identifiés par la mission interministérielle de 2020, cette famille n'est pas citée dans le protocole d'accord pour le versement de l'indemnité « symbolique » et elle n'a pas été conviée à la cérémonie avec la ministre. Maixent Jourdain Adzabi, représentant des propriétaires terriens Nkonon, et Paul Ngandzou, de ce même groupe familial, assurent tous deux qu'ils n'ont « jamais été inclus » dans les consultations.

Enfin, un chef local des plateaux Batéké, Olivier Ngouba Claver, qui a finalement signé le protocole d'accord et a reçu un dédommagement financier, affirme : « Lorsque la ministre Rosalie Matondo est venue, elle ne nous avait jamais consultés auparavant. [...] Nous lui avons dit que depuis la nuit des temps, nous n'avons jamais vendu nos terres, même nos ancêtres ne l'ont pas fait. Elle nous a répondu que c'était l'État qui avait récupéré ces terres. »

Dans son analyse du processus de consultation, le rapport interne au gouvernement sur le projet de TotalEnergies conclut que « la procédure de cession des terres a été complexe », en partie en raison d'une « absence totale de procédure de reconnaissance des terres coutumières ». Contacté à plusieurs reprises, le ministère de l'Économie forestière n'a pas répondu à nos sollicitations.

Des terres sous-indemnisées

Lorsque la République du Congo a obtenu son indépendance de la France en 1960, toutes les terres du pays ont été remises à l'État, qui a ensuite autorisé les Congolais et les Congolaises à acheter des parcelles à cultiver. Depuis 2018, une loi permet aux personnes ayant des droits coutumiers sur des terres ancestrales d'enregistrer des titres de propriété. Cependant, « les frais d'enregistrement, compris entre 300 000 et 1 million de francs CFA (455 à 1 500 euros), rendent le coût prohibitif », indique Lilian Laurin Barros, expert juridique basé à Brazzaville. « Les gens dans les villages n'en ont pas été informés, et ils n'ont pas les moyens d'aller enregistrer leurs terres », poursuit-il. Dans la pratique, les parcelles sont transmises par les familles selon un processus supervisé par les chefs locaux. Si le gouvernement veut prendre leurs terres, les villageois n'ont guère de moyens juridiques de se défendre.

« L'État n'avait pas le droit de faire ce bail emphytéotique, ce sont les populations qui auraient dû signer avec TotalEnergies », juge Brice Mackosso, militant congolais de la Commission justice et paix, une ONG liée à l'Église catholique. « TotalEnergies n'a pas respecté les droits humains de la population. Ils ne peuvent pas se cacher derrière la faiblesse de la loi congolaise. » Dans leur réponse à Mediapart, TotalEnergies et FNC rétorquent que « ces terres n'ont pas été réquisitionnées car elles ont appartenu et appartiennent toujours à l'État ».

Aujourd'hui, les neuf familles qui ont touché une indemnité financière en contrepartie de l'expropriation de leurs terres ancestrales s'estiment lésées. Ragan Ndzoro, propriétaire foncier, raconte avoir cédé sa terre par sens du devoir envers le gouvernement, espérant que le projet « bénéficierait aux générations futures ». Mais « aucun propriétaire ne possède une copie du contrat ». « Les 50 millions de francs CFA qu'ils nous ont donnés sont insignifiants parce que chaque terre concerne plusieurs personnes. Si bien que, dans certaines familles, certains ont bénéficié à peine de 1 000 ou 2 000 et quelques francs CFA [1,50 à 3 euros] », explique-t-il.

Les terres destinées au projet de compensation carbone ont été dédommagées à hauteur de 1,80 euro par hectare. Or les agriculteurs et les agricultrices, ainsi que les experts de l'économie agricole locale assurent que des parcelles ont déjà été louées pour un montant jusqu'à 14 fois supérieur. « Quand on loue nos terres à des partenaires privés, on prend 10 000 CFA [15 euros] par hectare », signale pour exemple Paul Ngandzou.

« Je dirais que c'est une arnaque. Vous ne pouvez pas prendre un hectare de terre à 1 200 CFA [1,80 euro]. On ne sait pas très bien quelle est la procédure qui a été suivie pour décider de ces indemnisations », souligne le militant des droits humains Brice Mackosso. « Ces populations n'ont plus accès à la terre, ce qui va accroître l'insécurité alimentaire dans la zone. »

TotalEnergies et FNC répliquent qu'un « tableau complet des personnes affectées par le projet » et un « plan d'action correctif, comprenant des mesures de restauration des moyens de subsistance », seront dans l'avenir rendus publics.

Chargée de plaidoyer climat à CCFD-Terre solidaire et spécialiste des projets de compensation carbone, Myrto Tilianaki réagit auprès de Mediapart : « C'est typiquement le genre de situation que nous craignons quant aux projets de compensation carbone menés par des grosses entreprises polluantes dans des pays où les droits fonciers ne sont pas suffisamment robustes. À qui profitent ces dispositifs ? Les éléments apportés par cette enquête prouvent que ce sont les acteurs pollueurs, qui se revendiquent ainsi neutres en carbone. »

Des rangées bien alignées d'acacias s'étendent désormais à perte de vue sur près de 1 000 hectares des plateaux Batéké, entrecoupées de conteneurs abritant les travailleurs et travailleuses en charge de l'entretien des pépinières. Au bord des chemins de terre qui longent les plantations industrielles, des panneaux portant le logo de TotalEnergies vantent le « puits de carbone Batéké » qui permettra d'« augmenter la superficie forestière nationale » et « sa capacité de stockage de carbone ».

« Ce n'est pas de cette manière que nous allons réduire les émissions de carbone. Il ne s'agit pas de dire : je vais mettre une plantation quelque part pour séquestrer le carbone, et je continue à polluer indéfiniment », conclut Brice Mackosso. « Ce n'est pas la solution pour le changement climatique. » Depuis, TotalEnergies s'est hissée en 2023 au rang de plus gros développeur de projets pétroliers en Afrique.

IV

AU CŒUR DE L'ÉTAT

Tant que ce n'est pas interdit, c'est permis.

Christophe de Margerie, ex-PDG de Total,
La Tribune, 16 mai 2014.

SABOTER LES POLITIQUES PUBLIQUES

C'est l'histoire d'un sabotage en règle par TotalEnergies. Un funeste échec qui a conduit à des décennies de retard face à l'urgence climatique.

À la fin des années 1980, un vent d'optimisme souffle sur la lutte contre les dérèglements climatiques. En juin 1988 est organisée la conférence mondiale de Toronto sur le changement atmosphérique – que le *New York Times* baptise le « Woodstock du climat ». Plus de 400 scientifiques, écologistes et dirigeants politiques s'engagent pour une diminution de 20 % des émissions de gaz à effet de serre à l'horizon 2005.

Puis, en novembre de la même année, les Nations unies lancent le GIEC (Groupe d'experts intergouvernemental sur l'évolution du climat) lequel, deux ans plus tard, dans son premier rapport d'évaluation sur le climat, indiquera que « les émissions dues aux activités humaines accroissent sensiblement la concentration dans l'atmosphère des gaz à effet de serre ».

Enfin, en mars 1989, lors de la conférence des ministres et des chefs d'État sur le climat à La Haye, le président français, François Mitterrand, déclare : « La détérioration de l'atmosphère est aujourd'hui certaine, son traitement ne peut être que mondial. » Avant d'appeler, « pour notre propre survie », à « des délégations partielles de souveraineté » afin de réduire les émissions de CO_2.

L'air du temps est au volontarisme climatique et à l'activisme diplomatique. Et la France se trouve à la pointe pour combattre le réchauffement global. Le Premier ministre d'alors, le socialiste Michel Rocard, milite à La Haye pour l'instauration d'une autorité mondiale du climat dotée de pouvoirs contraignants. En 1990, il écrit à Brice Lalonde, son ministre chargé de l'environnement, que « les changements climatiques [...] remettent en cause les conditions de vie actuelles sur Terre ». Côté ministère de l'Environnement, la lutte contre le changement climatique est hissée au rang de cause prioritaire. Dans un rapport commandé, toujours en 1990, à l'Académie des sciences, on peut lire que « l'effet de serre joue un rôle important dans l'évolution des climats » et qu'il est « bien dû aux activités humaines ».

Bataille à Bruxelles

Cet alignement des planètes sur les fronts diplomatique et scientifique conduit l'Italien Carlo Ripa di Meana, à l'époque commissaire européen à l'Environnement, à proposer la création d'une taxe sur le carbone à l'échelle européenne, destinée à réduire drastiquement les rejets de gaz à effet de serre.

Lors de sa réunion du 29 octobre 1990, le Conseil européen conclut que l'Europe devrait « globalement stabiliser, pour l'an

2000, ses émissions de CO_2 au niveau de 1990 ». Deux mois plus tard, la France envoie un mémorandum à la Commission européenne plaidant en faveur d'une taxe sur les énergies fossiles, qui « s'étendrait ensuite au reste de la planète » pour progressivement tarir la demande en pétrole, gaz et charbon.

Chargée du climat dans le cabinet de Jacques Delors, alors président de la Commission européenne, Geneviève Pons témoigne : « Jacques Delors a décidé de se lancer dans cette bataille épique de la taxe du CO_2, un débat qu'il jugeait primordial pour, entre autres, rééquilibrer la fiscalité sur les ressources naturelles. Il voulait qu'on arrive au Sommet de la Terre de Rio de Janeiro en juin 1992 avec une proposition européenne puissante pour qu'elle puisse être ensuite étendue à l'échelle internationale. »

« Ce n'était pas rien comme mesure. L'initiative était réellement ambitieuse », rappelle pour sa part Jean-Charles Hourcade, auteur-coordinateur de différents rapports du GIEC et spécialiste de l'analyse économique des changements climatiques. « Une grande partie de la technocratie européenne voulait agir. L'idée était d'élaborer une taxe carbone puis de proposer aux États-Unis, durant le Sommet de la Terre de Rio, de nous rejoindre pour mettre en œuvre une fiscalité internationale du CO_2 afin d'assécher, entre autres, la demande internationale en pétrole. Une partie de l'administration Bush était partante. »

À partir de l'année 1991, la Commission européenne s'attelle donc à la rédaction de ce projet inédit de taxe sur les énergies fossiles. Et la France est en tête de pont des négociations. Yves Martin, qui anime le groupe interministériel de lutte contre l'effet de serre, rédige en juin 1991 le mémorandum français à destination de la Commission. Il y explique : « Parmi les instruments disponibles, la fiscalité énergétique est collectivement le plus efficace, car il est le moins coûteux, le plus simple, et il permet de faire jouer les forces du marché. »

Quatre mois plus tard, la Commission européenne met sur la table une première proposition de taxe carbone, fixée à 3 dollars le baril d'équivalent pétrole au 1er janvier 1993, avec augmentation progressive de 1 dollar par an, pour atteindre 10 dollars le baril d'équivalent pétrole en l'an 2000.

Mais, rapidement, les groupes industriels fossiles sont à la manœuvre. « On sentait la pression du lobby des industries productrices ou grandes consommatrices d'énergies fossiles durant les réunions », se souvient Geneviève Pons. « Pour ma part, un directeur général à l'industrie de la Commission européenne m'a dit que l'adoption de cette taxe sur le CO_2 serait le plus grand échec professionnel de sa vie. Et le dirigeant d'une très grosse société fossile est venu directement dans mon bureau me dire tout le mal qu'il pensait de ce qu'on dénommait à l'époque l'"écotaxe". »

Dès mars 1986, dans un rapport interne d'Elf (groupe qui fusionnera avec Total en 2000), le directeur environnement de la compagnie avait écrit que, face aux velléités politiques de taxer à l'avenir les énergies fossiles, « l'industrie pétrolière devra se préparer à se défendre ». Dans cette optique, les firmes pétrolières avaient créé, en 1989, une association européenne de l'industrie pétrolière – baptisée Europia – pour mener un front d'opposition à la future taxe carbone.

D'après Geneviève Pons, durant l'année 1991, pas moins de quatorze réunions spéciales sur la taxe carbone avec les chefs de cabinet des commissaires de chaque État européen sont organisées. « Souvent, une réunion suffisait à nous mettre d'accord, deux parfois, mais quatorze, c'est historique ! souligne-t-elle. Un haut fonctionnaire allemand m'a dit que s'il y avait eu des couteaux dans la salle, il y aurait eu des meurtres. Les enjeux économiques étaient considérables, l'Allemagne étant à l'époque encore très dépendante des énergies fossiles, contrairement à la France, qui bénéficiait de l'énergie nucléaire. »

« La France préconisait une taxe carbone pure et invoquait le principe du pollueur-payeur pour justifier cette position », explique Stefan Aykut, sociologue à l'université de Hambourg et spécialiste de la gouvernance climatique. « Or une taxation du contenu carbone favorisait le nucléaire, ce qui n'était pas acceptable pour les pays n'y ayant pas ou plus recours (Danemark, Italie, Autriche) ou dans lesquels la question du nucléaire était très controversée (Allemagne, Suède, Pays-Bas). »

« Les lobbys ont fait leur boulot »

En 1992, le lobbying anti-taxe carbone s'intensifie à l'approche du Sommet de la Terre de Rio, qui doit se dérouler en juin. En février de cette année, François-Xavier Ortoli, président d'honneur du groupe Total, est coopté à la tête du Conseil national du patronat français (CNPF, ancêtre du Medef). Dans la foulée, le syndicat patronal organise à Paris le 7 avril un colloque contre la taxe sur le CO_2, qualifiée d'« inique » et de « tout simplement suicidaire ».

« Les industriels français se sont mobilisés contre ce qu'ils appelaient l'"écotaxe", avec comme argument principal qu'elle engendrait une distorsion de concurrence. Les lobbys étaient là, ils ont fait leur boulot », commente Jean-Charles Hourcade, qui a suivi les négociations en tant que scientifique pour le groupe interministériel français de lutte contre l'effet de serre. *The Economist* décrit pour sa part, le 9 mai 1992, ce combat autour de la taxe sur le CO_2 comme « le lobbying le plus féroce jamais vu à Bruxelles ».

Le 13 mai, la proposition de taxe carbone avancée par la Commission européenne pour être discutée au sein des deux conseils des ministres chargés de l'économie et de l'environnement se voit nettement affaiblie. Elle prévoit désormais une composante carbone (50 %), modulée en fonction des émissions de CO_2 de l'énergie considérée, et une composante énergie (50 %), applicable de façon égale à toutes les sources d'énergie, dont le nucléaire. Par ailleurs, la taxe remodelée est conditionnée à la mise en œuvre de politiques du même type dans les autres pays industrialisés.

À un mois du Sommet de la Terre de Rio, la proposition, déjà amoindrie, est bloquée le 19 mai par le conseil des ministres de l'Économie. Alors que la France préconisait une taxe carbone pure et invoquait le principe du pollueur-payeur pour justifier sa position, le nouveau ministre français de l'Industrie, Dominique Strauss-Kahn, fait barrage au projet.

« Il a joué un rôle symbolique dans l'enterrement de cette mesure », raconte Jean-Charles Hourcade. « La France a retiré son soutien au projet, entre autres parce qu'elle réclamait une taxe sur les seules émissions de carbone. Or la taxe mixte européenne proposée retombait en partie sur le nucléaire. Mais Dominique Strauss-Kahn a lâché en réunion que c'était "comme si on taxait le Coca-Cola pour lutter contre l'alcoolisme". » Une position française pour le moins surprenante puisque cette taxe mixte, constituée d'une composante carbone et d'une composante énergie, donnait un net avantage au nucléaire et aux industries françaises – qui auraient payé moins que les entreprises allemandes, encore très dépendantes du charbon.

« La décision de la taxe carbone ne pouvait clairement pas se prendre sans la France », ajoute le sociologue Stefan Aykut. « La position de la France s'expliquait par des pressions du ministère de l'Industrie, relayant les intérêts d'une industrie lourde s'opposant à toute taxation de l'énergie. »

Déçu, le commissaire européen à l'Environnement, Carlo Ripa di Meana, refuse de se rendre au Sommet de la Terre et démissionne de son poste. Alors que les Européens se revendiquaient, avec cette taxe sur les énergies fossiles, comme leaders mondiaux sur la question climatique, ce retournement les décrédibilise aux yeux de la communauté internationale, et ce avant même que les négociations n'aient débuté.

Dans *Der Spiegel*, Carlo Ripa di Meana accuse celles et ceux qui ont torpillé la taxe d'avoir mis l'Europe dans « la position du roi nu », après avoir déploré le 22 mai, dans le *Financial Times*, « une attaque violente de la part des lobbys industriels ».

Le 13 juin 1992, Jacques Delors, président de la Commission européenne, pointe quant à lui pendant sa conférence de presse à la clôture du Sommet de la Terre de Rio « des critiques qui sont venues [...] des producteurs de pétrole ».

Instiller le doute

Côté industrie pétrolière, Jean-Philippe Caruette, directeur de l'environnement de Total, publie dans le numéro de mai-juin 1992 d'*Énergies*, le magazine d'entreprise de la firme, un article virulent contre la taxe sur le CO_2. En contradiction avec le premier rapport du GIEC de 1990, il y assure que, « certes, il existe une relation entre la température et la teneur en gaz carbonique de l'atmosphère, mais [...] il n'existe aucune certitude sur l'impact des activités humaines, parmi lesquelles la combustion d'énergies fossiles ». Il promeut, en lieu et place de la taxe carbone, « des programmes bien identifiés d'économies d'énergie » et des « nouvelles technologies plus efficaces et plus propres ».

Total va jusqu'à distribuer, lors du Sommet de la Terre de Rio, un dossier climatosceptique en papier recyclé et encres végétales qui indique que « le réchauffement de la Terre [...] polarise toutes les attentions et donne lieu à des descriptions apocalyptiques de l'avenir » mais que « les progrès considérables réalisés en climatologie depuis le début du siècle n'ont pas permis de dissiper les incertitudes concernant l'effet de serre ». L'importance du rôle des combustibles fossiles « dans les modifications climatiques », peut-on lire, demeure « contestée ».

Deux mois plus tard, le président d'honneur de Total, François-Xavier Ortoli, intervient lors du congrès du Conseil mondial de l'énergie, à Madrid. Il explique que les scénarios scientifiques qui prédisent un réchauffement global de 2 à 5 °C au XXIe siècle sont controversés car « les sources naturelles sont beaucoup plus importantes que les émissions anthropiques [...]. Les avis des spécialistes divergent là-dessus. Hippocrate dit oui, mais Gallien dit non. Il existe un doute ».

De son côté, Francis Girault, directeur de la prospective, de l'économie et de la stratégie chez Elf, se réjouit, dans une note interne du 17 novembre 1992, des actions menées par le groupe pour saborder la taxe carbone. Dans ce document qu'a consulté Mediapart, la mise en échec de cette dernière est mise au crédit d'un travail de lobbying à travers des « contacts directs avec les cabinets ministériels et administrations concernés, en France (Premier ministre, Finances, Industries, Environnement, Recherche, Affaires européennes...) et auprès de la CEE [Communauté économique européenne] » ou encore d'« actions au sein d'organismes professionnels », comme le CNPF ou l'association européenne de l'industrie pétrolière Europia.

Le 12 mars 1993, Francis Girault rédige une nouvelle note, à destination du comité de direction générale d'Elf, intitulée « Effet de serre (proposition d'un plan d'action) ». Il préconise que, face à « une pression écologiste largement émotionnelle » et pour éviter que des « décisions hâtives soient prises » contre les énergies fossiles, le groupe instille l'idée qu'« il existe des doutes scientifiques en matière d'effet de serre ». Francis Girault propose également que les « contacts à Bruxelles [soient] élargis et approfondis ».

Trois mois plus tard, un groupe de pression patronal, le Cercle de l'industrie, voit le jour, avec pour objectif de défendre les intérêts des grandes entreprises françaises à Bruxelles. L'organisation compte, parmi d'autres compagnies, Total et Elf, et sa vice-présidence est assurée par Dominique Strauss-Kahn, qui avait contré le projet de taxe carbone en mai 1992 et connaît alors une traversée du désert consécutive à son départ du ministère de l'Industrie en mars 1993. Contacté par Mediapart, Francis Girault s'est contenté de déclarer : « Ces documents ont été rédigés dans un contexte où les connaissances scientifiques n'étaient pas les mêmes que celles d'aujourd'hui. Cela ne fait pas beaucoup de sens de reparler de cela. »

En 1994, alors que la Commission européenne met sur la table un nouveau projet, plus modeste, de taxe carbone, Elf et Total reviennent à la charge. Selon les estimations d'un rapport interne présenté cette année-là au comité de direction d'Elf, « une taxe sur le CO_2 coûterait au groupe près de 4 milliards de francs français par an ». L'étude souligne : « Les mesures menées par le secteur ont été efficaces, puisqu'aujourd'hui, le projet européen de l'écotaxe n'a pas encore vu le jour. » Elle recommande que la compagnie continue « à se mobiliser contre l'écotaxe ».

Alors que fin 1994 la France s'apprête à prendre la présidence de l'Union européenne, Philippe Jaffré, PDG d'Elf, envoie le 14 octobre une lettre à Alain Juppé, ministre chargé des affaires étrangères, pour lui faire part de sa « préoccupation devant la réactualisation du projet d'écotaxe », énumérant les impacts pour le groupe pétrolier. Cette deuxième tentative de la Commission européenne échoue en mai 1995, puis en 1997, avant que la proposition européenne de taxe sur les énergies fossiles ne meure définitivement à la fin des années 1990.

« Pour l'Europe, cela a été une occasion manquée, c'était un instrument qui aurait transformé notre économie », regrette Geneviève Pons. « La taxe sur le CO_2 a été enterrée au profit d'un système d'échange de quotas d'émissions carbone », explique-t-elle. « C'était une mesure absolument ambitieuse, qui aurait pu infléchir la trajectoire des émissions », appuie Stefan Aykut. « On était dans une logique de taxation permettant d'agir directement sur les causes des dérèglements climatiques. »

Sollicité par Mediapart, un porte-parole du groupe Total a indiqué : « Nous tenons à rappeler que, depuis plus de vingt ans, TotalEnergies reconnaît explicitement le lien entre l'usage des énergies fossiles, l'augmentation de la teneur en gaz à effet de serre dans l'atmosphère et le réchauffement climatique. La science est irréfutable à cet égard. » Et d'ajouter : « Ces dernières années, TotalEnergies a adopté des positions publiques et de lobbying favorables aux règlementations permettant de lutter contre le réchauffement climatique. »

L'historien Christophe Bonneuil, coauteur d'un article scientifique sur ce qu'Elf et Total ont su et fait des dérèglements climatiques depuis 1971[74], juge que, « dès 1988-1992, la proposition d'une autorité mondiale du climat, d'une baisse de 20 % des émissions et d'une taxe carbone était sur la table : le lobbying des industries fossiles a réussi à mettre en échec ces trois propositions et à faire perdre des décennies à l'action climatique ».

« Business as usual »

Au début des années 2000, l'Union européenne décide, *doxa* libérale oblige, que la solution pour réduire les émissions de gaz à effet de serre ne réside plus dans la régulation du marché mais de la régulation *par* le marché. Ainsi, en 2003, les pays européens adoptent une directive créant un marché commun du CO_2.

Ce mécanisme d'échange de droits de rejet de gaz à effet de serre, entre des entreprises qui en émettent trop et des firmes qui en émettent moins, est lancé en 2005 et permet à chaque compagnie d'acheter ou de vendre des quotas d'émissions. Mais l'efficacité climatique de ce marché européen du carbone, qui s'inscrit dans une philosophie de gouvernance par « incitations » et reste peu réglementé, est controversée. Des multinationales pétrogazières abusent des logiques de marchandisation du carbone, en finançant par exemple aujourd'hui des projets de compensation de leurs émissions, à l'instar de TotalEnergies qui a lancé un projet de plantation en monoculture d'acacias sur un territoire de la République du Congo grand comme quatre fois Paris et au détriment de la population (voir Partie III).

En novembre 2021, à la COP26 de Glasgow, les États se sont accordés sur la mise en place d'un marché international unifié du carbone, instaurant *de facto* un greenwashing institutionnalisé à l'échelle mondiale. « La compensation carbone détourne de l'effort prioritaire de réduction d'émissions », observe Myrto Tilianaki, chargée de plaidoyer climat à CCFD-Terre solidaire. « Ce n'est pas un hasard si les principaux pollueurs ont fait la promotion des marchés carbone pendant la COP26 : cela permet de continuer leur *business as usual* prédateur pour le climat. »

Quant à la fin des énergies fossiles, les pourparlers de la COP28 à Dubaï, trente ans après l'échec d'une taxe carbone mondiale, n'ont même pas abouti à leur inscription dans la déclaration finale. Comme à Bruxelles au début des années 1990, une délégation de lobbyistes de l'industrie fossile se trouvait dans les couloirs des négociations[75]. Parmi eux, douze ont été envoyés spécialement par TotalEnergies.

PARLEMENTAIRES ET MINISTRES ACTIONNAIRES

Le sujet a fait irruption de manière inattendue à l'Assemblée nationale le 17 février 2023. Pendant l'examen de la réforme des retraites, la gauche tente de faire voter la taxation des superprofits. La députée de La France insoumise (LFI) Alma Dufour prend la parole pour accuser la majorité de « préférer TotalEnergies et Engie aux PME de France ». À cette occasion, l'élue de Seine-Maritime, ancienne porte-parole de l'ONG écologiste Les Amis de la Terre, lance : « Quand on sait que Madame la présidente de l'Assemblée nationale a omis de déclarer 40 000 euros d'actions chez TotalEnergies, on se pose des questions ! »

D'une phrase, Alma Dufour électrise un hémicycle déjà surchauffé. Quelques heures plus tard, le débat s'élargit. « Combien êtes-vous à posséder des actions dans des sociétés du CAC 40 ? Combien ? Répondez à cette question ! », interpelle l'Insoumis Antoine Léaument. Sa collègue Sarah Legrain embraye, affirmant « vouloir s'assurer qu'aucun [autre député] ne serait tenté de voter en fonction de son intérêt personnel ».

Le soupçon déchaîne des cris d'orfraie dans les autres groupes. L'élu Les Républicains (LR) Michel Herbillon déplore une « délation absolument insupportable » ; son collègue du MoDem Philippe Vigier s'emporte : « Cessez, car vous tuez la démocratie, et la démocratie, c'est nous ! » Au cœur de la joute, le MoDem Erwan Balanant suggère : « Je vous invite tout simplement à regarder nos déclarations d'intérêts, puisqu'elles sont publiques. »

Mediapart l'a pris au mot. L'analyse des déclarations des députés, publiées en février 2023 sur le site de la Haute Autorité pour la transparence de la vie publique (HATVP), montre que douze d'entre eux et elles – en grande partie issus des rangs de la majorité – possèdent des participations dans TotalEnergies. Six membres du Sénat se trouvent dans la même situation, ainsi que trois ministres du gouvernement de l'époque.

Ces données recouvrent des réalités variables, notamment du point de vue de leur poids financier. Les actions TotalEnergies du député Nicolas Turquois (MoDem) pèsent par exemple à peine 700 euros, quand celles de son collègue Jean-Luc Warsmann (Union des démocrates et indépendants, UDI) sont valorisées à près de 30 000 euros.

Rien d'illégal bien sûr à ce que les élus investissent dans le groupe pétrolier. Mais qu'ils en tirent un capital du fait de l'inflation, dont profite grandement la major de l'énergie, peut être interrogé. Surtout lorsqu'il s'agit de responsables publics dont les fonctions impliquent des interactions avec la multinationale. Ces situations suscitent aussi des questionnements inédits, d'un point de vue déontologique comme politique, à l'heure de l'aggravation du dérèglement climatique – dont

TotalEnergies est un des responsables –, de la hausse des prix du carburant – dont TotalEnergies est un acteur – et de l'explosion des superprofits – dont TotalEnergies et ses actionnaires sont les bénéficiaires.

L'entreprise TotalEnergies est devenue un symbole : elle émet autant de gaz à effet de serre que l'ensemble des Français et elle n'a, en 2019 et 2020, payé aucun impôt sur les sociétés en France (voir Partie I). Depuis le début de la guerre en Ukraine, le cours de son action a augmenté d'environ un tiers – + 90 % en dix ans –, permettant au géant pétrolier d'enregistrer en 2022 un bénéfice net record de 19,1 milliards d'euros, en partie issu d'importations gazières depuis la Russie (voir Partie II).

Des votes pro-TotalEnergies

Alors ministre en charge de la santé, Agnès Firmin Le Bodo, ex-députée de Seine-Maritime originaire du Havre, et Agnès Canayer, sénatrice LR de Seine-Maritime et conseillère municipale du Havre, possèdent toutes les deux des actions chez TotalEnergies. Cette dernière est présidente d'une école de production havraise soutenue par TotalEnergies et inaugurée en novembre 2021, en présence d'Agnès Firmin Le Bodo et de Patrick Pouyanné, PDG de la multinationale.

Agnès Canayer a soutenu la construction d'un terminal méthanier flottant au Havre pour importer du GNL, du gaz liquéfié, néfaste pour le climat. Ce projet controversé a été proposé en avril 2022 par TotalEnergies et entériné dans la loi « pouvoir d'achat », votée au mois d'août suivant. Agnès Canayer a voté en faveur du projet au conseil municipal du Havre. Et, en tant que sénatrice, elle s'est prononcée pour l'article 14 du projet de loi « pouvoir d'achat » qui a acté le terminal méthanier normand. « Je soutiendrai bien évidemment l'article 14 », a affirmé le 29 juillet 2022 l'élue lors du débat public sur le texte de loi au Sénat.

Interrogée par Mediapart sur ces deux votes, Agnès Canayer a déclaré que « le projet de terminal méthanier est un enjeu important pour le territoire havrais et renforce la souveraineté énergétique française dans un contexte d'inflation lié à la guerre en Ukraine ». L'élue ne voit par ailleurs aucune difficulté dans le fait de participer aux délibérations sur ce dossier alors qu'elle possède des actions dans le groupe : « Je ne dispose d'aucun contrôle dans les politiques de TotalEnergies ou d'une quelconque mission de conseil », justifie-t-elle. En novembre 2022, Agnès Canayer a aussi voté au Sénat contre la création d'une taxe sur les superprofits.

Son collègue Xavier Batut, député Renaissance dans ce même département, se révèle plus précautionneux. Il est, depuis février 2022, propriétaire avec sa compagne d'une station-service ayant un contrat de commission avec le groupe pétrolier. « Tous les sujets liés à Total, j'essaye de m'en éloigner, j'évite d'en parler », explique le député à Mediapart, en précisant que le déontologue de l'Assemblée n'a pas vu la nécessité d'un déport.

En mai 2022, Xavier Batut a posé une question au ministre de l'Économie pour « connaître les leviers budgétaires et fiscaux que le gouvernement compte mettre en place afin de limiter l'impact de la hausse des prix de l'énergie et du carburant sur les banques alimentaires et leurs bénévoles ». Est-ce compatible avec sa position ? « La station-service [dont il est copropriétaire] n'est pas encore ouverte », répond le député, qui souligne aussi qu'il n'est pas le gérant de sa société et n'a aucune relation avec la responsable de secteur de TotalEnergies.

Un député actionnaire à la commission « écologie »

Le député LR de l'Allier Nicolas Ray est quant à lui actionnaire de TotalEnergies (pour 4 600 euros) alors qu'il siège à la commission du développement durable et de l'aménagement du territoire. Au sein de cette commission « écologie » de l'Assemblée nationale, l'élu défend régulièrement le développement des routes pour les automobilistes des petites villes ou proteste contre les zones à faibles émissions mobilité (ZFE-m) – mesure qui interdit les véhicules les plus polluants dans les centres-villes des métropoles.

Le 7 décembre 2022, toujours en commission, Nicolas Ray a interrogé Stéphane Crouzat, ambassadeur chargé des négociations françaises lors des COP : « Le secrétaire général de l'ONU a incité les États à taxer les bénéfices des industries fossiles pour financer les politiques pro-climat. Est-ce que la France est prête à soutenir ce type de proposition ? »

Lors des débats sur le projet de loi « énergies renouvelables » à l'automne 2022, le député est intervenu à au moins cinq reprises en séance publique comme en commission, pour plaider la limitation du développement des éoliennes. Enfin, Nicolas Ray a été l'initiateur le 21 février 2023 d'une proposition de loi visant à supprimer une taxe sur les carburants, pouvant être compensée par une taxe sur les superprofits de TotalEnergies. Le 21 juillet 2021, il a voté en faveur de l'article 14 de la loi « pouvoir d'achat » actant le terminal havrais du groupe.

Sollicité par Mediapart, Nicolas Ray explique détenir depuis des dizaines d'années ses actions TotalEnergies : « Ce sont des petites sommes qui n'ont en aucun cas conditionné mes votes. Je ne suis pas dépendant de cette entreprise et j'ai voté pour le terminal méthanier non pour TotalEnergies mais pour nous sortir de notre dépendance du gaz russe. »

Des interférences qui interrogent

Le député Renaissance du Pas-de-Calais Jean-Pierre Pont n'a pris aucune disposition particulière concernant ses actions (valorisées à près de 20 000 euros) chez TotalEnergies. « Il a confié totalement la gestion de ses actions au Crédit du Nord, il ne s'en occupe vraiment pas, jamais. Il reçoit les relevés, il jette un coup d'œil et c'est tout. Ce n'est pas un sujet pour lui », explique un de ses collaborateurs parlementaires. Ajoutant que « ses préoccupations, c'est la médecine, les déserts médicaux et la pêche. Il n'y a donc pas d'interférence possible ».

Des interactions, il en existe en revanche de toute évidence dans le cas de l'ex-sénateur LR de Paris Philippe Dominati, déjà épinglé par Mediapart en 2010 pour ses conflits d'intérêts[76]. Sur Public Sénat le 1er mars 2022, l'élu défend TotalEnergies, alors accusée d'« attentisme coupable » parce qu'elle maintient ses activités en Russie. « Il est évident qu'on ne peut pas démonter en vingt-quatre heures des schémas industriels. Déjà, le fait d'arrêter les investissements, c'est une sanction », réagit Philippe Dominati. En définitive, poursuivre les activités malgré le déclenchement de la guerre en Ukraine, « ce n'est pas une décision de l'entreprise », estime-t-il : « tout dépend du gouvernement français ».

Au moment des débats au Sénat sur la taxation des superprofits, l'élu monte régulièrement au créneau. « J'ai du mal à définir la notion de "superprofit". Quelle est la position de Bercy ? », interroge-t-il en juillet 2022 en commission des finances. Le sénateur développe ensuite : « La Nupes [Nouvelle Union populaire écologique et sociale] semble viser les entreprises d'énergie ou de transport de marchandises qui réalisent des bénéfices exceptionnels. Mais si la SNCF revient à l'équilibre, alors qu'elle est d'habitude en déficit, faudra-t-il la taxer ? »

Sollicité par Mediapart, Philippe Dominati assume : « Il m'arrive de boursicoter, de faire fructifier mes actions, toujours avec des sociétés françaises. Cela ne m'empêche pas de me sentir totalement libre quand je prends la parole. » « J'ai des actions chez Renault, et j'ai pris plusieurs fois la parole à ce sujet pour m'étonner de la passivité du gouvernement dans les relations avec Nissan, et je n'ai jamais pensé qu'il pouvait y avoir un quelconque conflit d'intérêts », donne-t-il comme exemple.

En 2012, l'ancien sénateur a aussi présidé la commission d'enquête sur l'évasion fiscale, qui a auditionné sous serment plusieurs patrons de banque, dont celui de la Société générale, Frédéric Oudéa. Or Philippe Dominati détient aussi (et détenait à l'époque) des participations dans cette banque.

Quatre ans plus tard, le Sénat apprend que Frédéric Oudéa a menti en assurant que la Société générale ne possédait plus de filiale dans des paradis fiscaux. Ce « parjure » sous serment peut le conduire devant les tribunaux. Philippe Dominati dédouane alors Frédéric Oudéa, estimant qu'il ne voit « rien qui puisse amener le bureau du Sénat à poursuivre sur cette déclaration ». L'affaire s'arrête là, sans saisine du parquet. « J'avais signalé le fait que je détenais dans mon portefeuille des actions à la Société générale, cela n'a pas posé de problème », témoigne le sénateur.

L'épouse de Frédéric Oudéa, qui a quitté la Société générale en septembre 2022, est depuis la ministre en charge des Sports Amélie Oudéa-Castéra. Elle possède 223 actions TotalEnergies (valorisées à près de 13 000 euros). Or, le groupe pétrolier est très investi dans le sport : il sponsorise, par exemple, une équipe de cyclisme professionnel, la Coupe du monde de rugby 2023 ou encore la Coupe d'Afrique des nations de football – mais il a renoncé en 2019 à devenir un partenaire des Jeux olympiques et paralympiques de Paris 2024, à la suite des protestations de la maire de la capitale, Anne Hidalgo.

Le cas du ministre de l'Éducation

Les participations de ministres dans des entreprises sont scrutées avec attention par la HATVP, qui peut exiger que celles et ceux susceptibles de se trouver en situation de conflit d'intérêts signent des décrets de déport – « l'apparence de conflit d'intérêts » est dans cette circonstance suffisante.

C'est ainsi le cas lorsque les participations croisent le champ d'action ministériel. Par exemple si un ministre de l'Économie possède des actions dans un groupe industriel. L'autre risque identifié par la HATVP est le « délit d'initié », soit le fait de bénéficier d'informations permettant de réaliser des opérations boursières avantageuses. Pour prévenir toute interférence, les responsables publics peuvent placer leurs actions sous mandat de gestion, sans droit de regard. C'est notamment ce que la présidente de la région Île-de-France, Valérie Pécresse, déclare avoir fait en logeant ses actions Alstom dans une fiducie auprès d'une banque.

Dans le cas de Pap Ndiaye, ministre de l'Éducation nationale et de la Jeunesse de mai 2022 à juillet 2023, la HATVP n'a signalé « aucun conflit d'intérêts » et n'a demandé « aucune action de déport », souligne le ministère auprès de Mediapart. Pour la Haute Autorité, ni les prérogatives ni le champ d'action du ministre de l'Éducation nationale ne permettent de caractériser une collusion avec les activités de TotalEnergies, dont il possède plus de 6 000 euros d'actions, selon sa déclaration d'intérêts.

Le secteur public de l'éducation est pourtant regardé de près par la multinationale française. Chaque année, *via* sa fondation, TotalEnergies dépense au moins 1,4 million d'euros pour consolider sa présence dans les enseignements primaires et secondaires : salariés TotalEnergies détachés auprès des rectorats pour « resserrer les liens avec le monde de l'entreprise », interventions pédagogiques auprès des élèves, financement de projets éducatifs, etc.

Des initiatives qui font l'objet de vives critiques. En janvier 2023, le lancement d'un « concours créatif » financé par TotalEnergies à destination des établissements scolaires de La Réunion a suscité la colère des associations écologistes, d'une partie de la classe politique locale et de représentants du monde éducatif. Lesquels, selon Greenpeace, ont reproché à l'entreprise de « s'acheter une image philanthropique » sur le dos des élèves.

Dans l'enseignement supérieur, pourtant, plusieurs établissements ont fait le choix de couper les ponts avec la compagnie pétrolière. Ainsi de Sciences Po Paris, qui a mis fin, en 2022, à son partenariat décennal avec TotalEnergies. Plus récemment, l'entreprise a renoncé, face à l'opposition étudiante et associative, à installer un centre de recherches sur le site de l'École polytechnique à Saclay (Essonne).

Quid de l'Éducation nationale, qui vient de passer aux mains d'Amélie Oudéa-Castéra, actionnaire de la firme ? Pour l'heure, le partenariat se poursuit et se renforce même, à en croire la communication de TotalEnergies.

QUAND L'AGENCE PUBLIQUE DE L'ÉCOLOGIE SUBVENTIONNE LE GROUPE PÉTROLIER

C'est l'agence chargée de piloter la bifurcation écologique en France. Depuis une trentaine d'années, l'Ademe a pour mission, en tant qu'opérateur de l'État, de « participer à la construction des politiques nationales et locales de transition écologique ». La structure publique est placée sous la tutelle, entre autres, du ministère de la Transition écologique.

Mais, alors que le changement climatique s'accélère, l'agence verte a accordé, le 10 juillet 2023, une subvention à hauteur de 5 millions d'euros au géant pétrolier TotalEnergies.

La multinationale fossile a requis cette aide publique pour développer un projet de récupération de la chaleur émise par sa plateforme Normandie – la plus grosse raffinerie du pays, située près du Havre. Cette chaleur se substituera à celle produite par les chaufferies au gaz ou au fioul des logements situés au sud de l'agglomération havraise.

Le projet de TotalEnergies, co-porté par la communauté urbaine Le Havre Seine Métropole et la société Résocéane (qui a la délégation de service public de distribution de chaleur sur ce territoire), est, sur le papier, bénéfique aussi bien pour le climat que pour le pouvoir d'achat des Havrais. Il permettra en effet, d'après ces deux structures, d'« éviter l'émission de 16 000 tonnes de CO_2 par an, soit l'équivalent de 6 700 véhicules essence parcourant 15 000 km par an ». De plus, la chaleur récupérée n'est pas indexée sur le cours du prix du gaz ou du pétrole.

La demande de subvention de TotalEnergies n'en a pas moins suscité d'importants débats au sein du conseil d'administration de l'Ademe.

L'approche technicienne à l'épreuve

Lorsque le dossier a été présenté pour la première fois à l'Ademe en juin 2023, de nombreux administrateurs et administratrices issus de tous horizons – représentants de l'État, d'associations ou du personnel de l'agence – se sont interrogés sur la nécessité de soutenir un projet déposé par une des compagnies pétrolières les plus climaticides de la planète. « Il y a eu énormément de discussions, notamment sur le fait d'accorder de l'argent public à une multinationale qui fait des profits énormes, et sur le risque que TotalEnergies fasse son greenwashing sur le dos de l'Ademe », confie Claude[*77], administrateur. « Symboliquement, une agence d'État ne peut appuyer TotalEnergies, une entreprise qui a longtemps organisé le déni à propos du changement climatique. C'est vraiment une hypocrisie », lâche à Mediapart

Dominique*, un autre administrateur de l'agence. « Même si nous abordons nos dossiers avec une approche technicienne, ce n'est pas neutre que la puissance publique finance une telle entreprise », résume Camille*, membre du conseil d'administration.

Un autre point de tension entre administrateurs de l'Ademe a concerné la pérennité de la raffinerie auprès de laquelle la chaleur sera récupérée. Cette énorme infrastructure fossile, qui représente 12 % de la capacité de raffinage du pays, fait partie des 50 sites industriels les plus émetteurs de France et qui doivent atteindre la neutralité carbone d'ici à 2050, dans le cadre de la planification écologique. « Le dossier était conforme à nos critères de sélection, mais pourquoi financer un projet qui repose sur une raffinerie de pétrole, alors que nous sommes censés fortement réduire notre consommation d'énergies fossiles ? », s'interroge Claude*.

« On peut avoir une réflexion purement pragmatique, et se dire : autant récupérer la chaleur de cette raffinerie qui existe déjà », expose Dominique*. « Mais c'est une erreur : la question n'est pas d'investir dans une raffinerie pour diminuer les émissions liées à la production de chaleur, mais plutôt comment organiser la sortie des énergies fossiles. »

Lettre de soutien

Face à ces arguments, le conseil d'administration de l'Ademe a d'abord ajourné sa décision concernant la demande de subvention de TotalEnergies. Une résolution qualifiée d'« exceptionnelle » par cinq administrateurs contactés par Mediapart.

« La décision a été reportée afin d'obtenir plus d'éléments sur le dossier », précise Boris Ravignon, maire Les Républicains de Charleville-Mézières, et alors président par intérim de l'Ademe. « Je rappelle que le projet représente un investissement total de 57 millions d'euros, dont 25 sont déjà avancés par TotalEnergies. »

Le 10 juillet 2023, le conseil d'administration de l'Ademe s'est de nouveau réuni. Entretemps, TotalEnergies aurait versé à son dossier une feuille de route pour diminuer les émissions de sa raffinerie de l'ordre de 15 % à l'horizon 2030.

Par ailleurs, trois jours auparavant, les administrateurs et administratrices avaient reçu un courrier signé par Édouard Philippe, maire du Havre et proche de Boris Ravignon – ce dernier déclarait en 2021 à propos du président du parti Horizons : « J'ai beaucoup d'estime intellectuelle pour lui. Il est brillant, drôle, ça a été un bon Premier ministre. » Dans cette lettre, que s'est procurée Mediapart, le maire du Havre insiste sur le fait que « ce projet exemplaire s'inscrit dans une logique d'économie circulaire » ; il serait « la seule et unique alternative énergétique pour les Havrais pour se dégager des énergies fossiles ». Interrogé par Mediapart, Boris Ravignon assure que ce courrier n'a pas pesé dans le dossier. « On reçoit toujours des lettres de soutien d'élus locaux pour les projets », relativise le président par intérim de l'Ademe à l'époque.

Quoi qu'il en soit, devant ces nouveaux éléments, le conseil d'administration a donc décidé d'accorder une subvention à hauteur de 5 millions d'euros à TotalEnergies. « Le vote a été l'objet de quelques abstentions malgré tout », rapporte Camille*. « On reste un opérateur de l'État qui a un périmètre d'action assez étroit… » Une administratrice regrette pour sa part auprès de Mediapart que la stratégie de décarbonation présentée par TotalEnergies pour la raffinerie ne soit pas alignée sur l'accord de Paris sur le climat. « TotalEnergies n'est ni au-dessus ni en dessous de la réglementation », évacue Boris Ravignon. « C'est un soutien de l'Ademe à un projet d'intérêt public et non à la multinationale. »

Un communiqué intersyndical interne à l'Ademe publié à la suite du conseil d'administration du 10 juillet s'est pourtant inquiété : « Il convient de s'interroger sur l'ambition et la pérennité de ces investissements sur des sites et infrastructures fossiles […] dès lors que la neutralité carbone en moins de trente ans constitue l'horizon de la politique climatique française. » Le même jour, TotalEnergies annonçait en fanfare l'augmentation de sa production de gaz fossile en Algérie et le démarrage d'un nouveau champ gazier en Azerbaïdjan.

LES BONS OFFICES DE L'ÉLYSÉE ET DU QUAI D'ORSAY

« Non, la France ne le soutient pas. » Ce 12 octobre 2022, en direct sur France 2, Emmanuel Macron l'assure devant des millions de téléspectateurs : l'État n'appuie pas le mégaprojet pétrolier EACOP de TotalEnergies en Ouganda. « Total est une entreprise privée, nous n'en sommes pas actionnaires », insiste le président.

Et pourtant. L'Élysée encourage bien la construction de ce qui sera le plus long oléoduc chauffé au monde. En toute discrétion. Président de l'Ouganda depuis 1986, Yoweri Museveni, un des plus anciens autocrates d'Afrique en exercice, a été reconduit début 2021 pour un sixième mandat à la tête du pays. Après sa « réélection », Emmanuel Macron lui a adressé une lettre officielle. Un courrier destiné à rester confidentiel, mais dont l'Uganda Media Centre, organe de communication du gouvernement ougandais, a publié des extraits dans un communiqué le 1er mai 2021.

Emmanuel Macron y évoque la signature de la décision finale d'investissement entre l'Ouganda, la Tanzanie et TotalEnergies concernant l'EACOP (East African Crude Oil Pipeline) : le projet,

« qui permettra l'exploitation et l'exportation du pétrole », constituera « une opportunité majeure d'intensifier le commerce entre nos deux pays et de développer davantage notre coopération ». Le président français ajoute : « Vous pouvez compter sur moi pour mobiliser l'expertise et les investisseurs français pour augmenter la présence française en Ouganda. »

Interrogé par Mediapart sur l'origine de cette lettre, le directeur de l'Uganda Media Centre confirme que ces citations « sont extraites d'une lettre de félicitation que le président Macron a envoyée en mai au président Museveni, lors de sa réélection[78] ». Si bien que le cabinet du président de la République a été obligé de reconnaître l'authenticité du courrier : « Il s'agit d'un important projet d'investissement qui implique une entreprise française. À ce titre, il a été mentionné dans des échanges à haut niveau avec les autorités ougandaises. »

Diplomatie de l'or noir

Plus largement, l'Élysée peut difficilement affirmer que l'appareil d'État français ne soutient pas le projet EACOP de TotalEnergies. En juillet 2019, Jules-Armand Aniambossou a été nommé ambassadeur de France en Ouganda. Resté à ce poste jusqu'en octobre 2022, ce diplomate est un proche d'Emmanuel Macron, issu comme lui de la promotion Senghor (2002-2004) de l'École nationale d'administration – tout comme Franck Paris, le conseiller Afrique du président jusqu'à fin 2023.

Le 29 septembre 2020, Jules-Armand Aniambossou déclare à la télévision ougandaise « être très fier que Total, une compagnie française, fasse partie du secteur pétrolier et minier en Ouganda ». Et de « réaffirmer l'engagement de la France à accompagner l'Ouganda dans le développement du secteur du pétrole et du gaz ». L'ambassadeur s'exprime alors dans le cadre des « 90 Jours du pétrole et des mines », une campagne de communication organisée par le lobby de ce secteur industriel et sponsorisée entre autres par TotalEnergies. Quelques jours plus tôt, Jules-Armand Aniambossou relayait sur son compte personnel Twitter un message de TotalEnergies annonçant la conclusion d'un accord sur l'entrée d'une firme publique ougandaise dans les champs pétrolifères du lac Albert, d'où sera extrait le pétrole destiné à alimenter l'EACOP.

Moins d'un an plus tard, le 23 août 2021, l'ambassade de France organise une réception en l'honneur du directeur de TotalEnergies en Ouganda, Pierre Jessua, qui quitte le pays. Un tweet du compte officiel de l'ambassade de France à Kampala, repartagé par l'ambassadeur lui-même, souhaite « bon vent à Pierre » et « bienvenue à Philippe », prénom de son successeur, Philippe Groueix. Hashtag : « TotalEnergies ».

Le soutien apporté au pétrolier par l'antenne diplomatique française en Ouganda a cependant débuté bien avant la prise de poste de Jules-Armand Aniambossou. Sa prédécesseure, Stéphanie Rivoal, a initié plusieurs festivités sponsorisées par le groupe fossile. Ainsi, le 14 juillet 2017, année de l'élection d'Emmanuel Macron, elle a organisé un grand bal musette dont les sponsors principaux étaient TotalEnergies et des entreprises opératrices du mégaprojet pétrolier en Ouganda, comme SeaOwl ou Hima Cement. En 2019, sous l'égide du corps diplomatique français à Kampala, le logo de TotalEnergies est de même omniprésent lors d'une fête du beaujolais nouveau où ont été conviés plus de huit cents diplomates, chefs d'entreprise et salariés expatriés. De même pour la « Semaine de l'amitié Ouganda-France », lancée en 2017 : la multinationale est à chaque édition affichée comme « sponsor Platinum ». Quant à l'Alliance française de Kampala, bras armé culturel de la diplomatie tricolore, nombre de ses événements publics bénéficient de l'appui du géant pétrolier.

Les portes tournantes du Quai d'Orsay

Si le ministère des Affaires étrangères affirme, dans ses discours officiels, être au service du climat, de la protection de l'environnement et des droits humains, l'administration française censée déployer la politique extérieure du pays se met régulièrement au service des velléités pétrolières de TotalEnergies. Car, en pratique, le Quai d'Orsay n'hésite pas à dérouler le tapis rouge devant les cadres dirigeants de la multinationale fossile. Dans ces circonstances, la diplomatie française défend, « de fait, sans toujours l'admettre ouvertement, des projets pétroliers en contradiction à peu près totale avec les valeurs qu'elle affiche[79] », souligne un récent rapport d'investigation de trois ONG sur les stratégies d'influence du pétrolier.

Par exemple, Hélène Dantoine, directrice de la diplomatie économique au ministère des Affaires étrangères, dirige au sein du Quai d'Orsay un service clé dont le rôle est de s'assurer que les intérêts des entreprises françaises sont pris en compte lors des négociations internationales. Avant son recrutement en 2020, cette énarque a passé plus de sept ans, entre 2011 et 2019, chez TotalEnergies, où elle a été entre autres directrice Afrique des filiales d'exploration et à la tête des affaires publiques du groupe.

Actuel directeur de cabinet du chef de l'Agence française de développement, Tristan-Aurel Mouline a également émargé chez TotalEnergies. En 2011, il a travaillé durant un an comme conseiller à l'antenne bruxelloise du géant pétrolier, avant de devenir en 2013 chargé de communication au ministère des Affaires étrangères à Washington.

Le Quai d'Orsay a élargi ces dernières années le programme de mobilité de ses hauts fonctionnaires, les encourageant à accepter des missions dans le secteur privé, et particulièrement chez TotalEnergies. L'objectif : « dynamiser la diplomatie économique » grâce à « des diplomates crédibles envers leurs interlocuteurs du monde de l'entreprise, du fait de ce passage dans le privé ». Le ministère des Affaires étrangères entend en effet « mieux servir les intérêts de la France, et donc ceux des entreprises françaises, ce qui suppose de se familiariser avec leur écosystème[80] ».

Arnaud Suquet, ambassadeur de France au Kenya et en Somalie depuis 2022, mais aussi représentant permanent à l'ONU, a bénéficié de ce programme. Entre 2017 et 2019, ce diplomate s'est mis en disponibilité afin d'exercer les fonctions de directeur adjoint des affaires publiques internationales de TotalEnergies. Il a directement intégré à son retour le cabinet de Jean-Yves Le Drian, ministre des Affaires étrangères, comme conseiller Afrique. Ce même haut poste aux affaires publiques internationales du pétrolier a été occupé entre 2012 et 2015 par Arnaud de Sury d'Aspremont, un cadre supérieur du Quai d'Orsay nommé ambassadeur de France du Panama entre 2020 et 2023.

« Les "portes tournantes" sont au cœur de la stratégie d'influence de TotalEnergies : le groupe débauche d'anciens hauts fonctionnaires et responsables politiques, ou bien au contraire encourage ses cadres à retourner dans la fonction publique, avec pour résultat d'entretenir la confusion entre les intérêts de Total et de ses actionnaires et ceux de la France », analyse Olivier Petitjean, porte-parole de l'Observatoire des multinationales.

Car, dans l'autre sens, le géant pétrolier recrute sans vergogne dans le vivier des grands commis du ministère des Affaires étrangères. Jean-Claude Mallet, directeur depuis 2019 en charge de conseiller le PDG de TotalEnergies dans ses relations avec les pouvoirs publics, a servi l'État français pendant plus de quarante ans comme spécialiste des questions stratégiques et de défense. Il a même officié entre 2017 et son départ vers la compagnie fossile comme conseiller spécial du ministre des Affaires étrangères.

Dans l'escarcelle de TotalEnergies figure également Majdi Abed, aux affaires publiques internationales du groupe depuis 2019, et qui a été durant près de vingt ans diplomate au Quai d'Orsay, notamment comme porte-parole de la représentation française auprès de l'OTAN. L'actuel vice-président « Environment & social performance » chez TotalEnergies, Romaric

Roignan, a pour sa part été conseiller à l'ambassade de France aux États-Unis, au cabinet du Premier ministre entre 2012 et 2014, puis il a été nommé directeur de cabinet de la secrétaire d'État à la Francophonie.

« Cette interpénétration permanente ne donne pas seulement au groupe pétrolier un accès direct aux décideurs », peut-on lire dans le rapport des trois ONG sur les pratiques d'infiltration de la multinationale. « Elle contribue aussi et surtout à cacher la réalité dramatique des impacts de TotalEnergies sur le climat et sur les peuples derrière un voile de respectabilité[81]. »

Main dans la main à la COP

La dernière illustration frappante de cette étroite imbrication diplomatique entre l'État français et TotalEnergies date de la COP28 à Dubaï, en décembre 2023. Six hauts cadres de la compagnie ont été accrédités directement par le gouvernement français pour participer aux négociations internationales sur le climat. Parmi eux figuraient notamment Patrick Pouyanné, le PDG du groupe, Marina Perez, vice-présidente chargée des affaires publiques internationales de TotalEnergies, ou encore Samir Oumer, directeur général de la filiale émiratie du géant pétrolier.

Habituellement, les entreprises présentes dans les COP s'accréditent sous le paravent d'ONG. Mais à Dubaï, les pontes de TotalEnergies ont été enregistrés au sein de la délégation officielle française en tant que « *Party Overflow* ». « Cet accès est utilisé par les États pour faire entrer les intérêts privés par la petite porte, explique Pascoe Sabido de Corporate Europe Observatory ». « *"Party Overflow"* est une accréditation qui donne un accès très privilégié à la COP, et qui autorise à aller là où les délégations des États vont, notamment dans des espaces de réunions ministérielles où ni la presse ni les ONG ne peuvent aller. »

Puis de préciser : « Ce n'est pas TotalEnergies qui demande à venir avec la délégation française, mais c'est bien le gouvernement français qui a choisi délibérément d'inscrire le géant pétrolier dans sa délégation. »

Observateur des négociations COP depuis de nombreuses années, Nicolas Haeringer, de l'ONG 350.org, s'indigne : « Patrick Pouyanné peut bénéficier facilement d'un accès à la COP sans passer par le gouvernement. Pour exemple, l'an dernier, il est venu au titre de l'Association française des entreprises pour l'environnement. Ce qui est scandaleux ici, c'est que l'État français a accepté sans rechigner de lui donner ce badge. C'est un choix politique de la part du gouvernement. » Cette présence dans les arènes diplomatiques sur le climat de dirigeants d'une des plus grandes majors du pétrole est en totale contradiction avec les prises de position publiques du président Emmanuel Macron et d'Agnès Pannier-Runacher, ministre en charge de la transition énergétique.

« La priorité des priorités est que les pays les plus avancés sortent des énergies fossiles », a aussi solennellement déclaré le chef d'État le 1er décembre 2023 à l'ouverture de la COP28. « Les énergies fossiles sont responsables de plus de 75 % des émissions de CO_2 » et « il faut en sortir si on veut limiter le réchauffement climatique à 1,5 °C » a, pour sa part, martelé à Dubaï Agnès Pannier-Runacher.

Sollicitée par Mediapart, la ministre n'a pas voulu communiquer la liste de la délégation officielle française à la COP28. Quant à l'attribution d'accréditations par le gouvernement, son ministère a démenti et a répondu évasivement que « tous les acteurs français qui se rendent à la COP pour participer à des événements demandent un badge à leur pays d'origine ».

Connivence au sommet

La porosité entre l'État français et TotalEnergies se rencontre jusqu'au cœur de l'Élysée. À titre d'illustration, l'actuelle directrice générale de l'Institut français d'Algérie, Ahlem Gharbi, a été entre 2017 et 2019 conseillère Afrique du Nord et Moyen-Orient du président Emmanuel Macron : elle officiait auparavant comme vice-présidente adjointe aux affaires internationales chez TotalEnergies. Quant au polytechnicien Julien Pouget, aujourd'hui à la tête de la branche exploration et production du pétrolier en Afrique du Nord et au Moyen-Orient, il a été conseiller économie à l'Élysée entre 2014 et 2016, sous le mandat de François Hollande, à une époque où Emmanuel Macron était ministre de l'Économie.

On comprend dès lors à quel point il relève du geste naturel pour Emmanuel Macron d'exprimer dans un courrier au président Yoweri Museveni son soutien à un mégaprojet pétrolier de TotalEnergies. Cette position d'équilibriste entre politique extérieure et intérêts privés était encore celle du chef de l'État lors de sa tournée en Afrique centrale en mars 2023. Venu démontrer que l'ère de la « Françafrique » était « révolue », Emmanuel Macron a répété sa volonté de « bâtir un partenariat équilibré » et de « porter des causes communes » avec les pays africains, en particulier autour du changement climatique et de la préservation des forêts tropicales. Le 2 mars, le chef de l'État enregistrait ainsi sur son smartphone, à destination des réseaux sociaux, une vidéo depuis une réserve naturelle du Gabon. « Cette forêt primaire capture l'équivalent d'un tiers des émissions de la France chaque année. On a ici une formidable solution pour lutter contre le dérèglement climatique », s'enthousiasmait-il en bras de chemise.

Pourtant, cette opération de communication du président relève du cynisme climatique. Dans la délégation officielle figurait en effet Nicolas Terraz, directeur général exploration-production de TotalEnergies et membre du comité exécutif du groupe. La multinationale est le premier développeur de projets pétrogaziers en Afrique. Et, en Angola, où Emmanuel Macron s'est rendu le lendemain de sa visite éclair au Gabon, TotalEnergies a pour projet de développer cinq puits pétroliers d'ici à fin 2024 et deux champs gaziers offshore.

Quelques mois après cette tournée africaine, le 14 juillet 2023, cette intrication entre l'Élysée et le géant industriel trouvait son acmé sous les ors de la République. En ce jour de fête nationale, alors que le monde était frappé par des vagues de chaleur record et des mégafeux sans précédent, Emmanuel Macron élevait Patrick Pouyanné, le PDG de TotalEnergies, au grade d'officier de la Légion d'honneur. Une semaine auparavant, le patron du groupe avait encore déclaré : « TotalEnergies, je l'assume, continuera de produire des énergies fossiles[82]. »

CONCLUSION

METTRE TOTALENERGIES HORS D'ÉTAT DE NUIRE

N'attendez pas demain, profitez dès aujourd'hui de l'avenir.

Slogan publicitaire de Total, 1968.

Que les choses continuent à « aller ainsi », voilà la catastrophe.

Walter Benjamin, *Charles Baudelaire, un poète lyrique à l'apogée du capitalisme*, Payot, 1979.

Le fait est terrible. Nous échouons à contenir le réchauffement de notre planète. Pis, les dérèglements climatiques s'amplifient à un rythme inouï[83]. En octobre 2023, un groupement international de chercheurs a admis, après s'être penché sur l'état du climat, « être choqué par la férocité des événements météorologiques extrêmes » de cette année-là. « La vie sur la planète Terre est en état de siège[84] », s'inquiétait-il.

Chaque été est désormais marqué par de nouveaux records de chaleur. Difficile d'être surpris tant, depuis plus de trente ans, le GIEC martèle que les canicules ou les mégafeux seront plus « intenses » et « fréquents » à mesure que nos émissions de gaz à effet de serre augmenteront. Plus étonnant : les groupes industriels fossiles jouissent d'une impunité totale. Pourtant, en nous inondant de pétrole, de gaz et de charbon – dont la combustion est à l'origine de près de 90 % des émissions mondiales de CO_2 –, les multinationales énergétiques sont bien les premières responsables de la crise climatique.

Elles continuent néanmoins d'afficher des profits faramineux. Les principales majors que sont TotalEnergies, Shell, BP, Chevron, ExxonMobil et Saudi Aramco ont cumulé 340 milliards de dollars de bénéfices en 2022. Ces superprofits, engrangés en attisant les flammes du réchauffement planétaire, en disent long sur notre défaite collective en termes de lutte pour le climat. À titre d'exemple, les bénéfices de TotalEnergies auraient pu à eux seuls financer pendant huit ans l'adaptation au changement climatique de la France[85].

Alors, que fait l'État français, pays de l'accord de Paris sur le climat, pour contrer ces entreprises, et en particulier le fleuron industriel national TotalEnergies ?

Lors des débats parlementaires autour de la loi « climat et résilience » votée en 2021, le président de l'Assemblée nationale a rejeté la demande de près de 120 députés – dont 45 de la majorité présidentielle – de discuter de l'obligation, pour les groupes industriels français, de diminuer leurs émissions sous peine de sanctions financières[86]. Le ministre de l'Économie, Bruno Le Maire, à contre-courant des recommandations de l'ONU, s'obstine à refuser de taxer les superprofits des majors fossiles, alors que l'Espagne, l'Italie ou le Royaume-Uni ont instauré une taxe sur leurs bénéfices. Pour sa part, Christophe Béchu, ministre de la Transition écologique, n'est guère allé au-delà du conseil de « baisser les stores » dans son dernier plan canicule. Enfin, le président Emmanuel Macron a élevé le patron de TotalEnergies au grade d'officier de la Légion d'honneur.

Alors que la communauté scientifique martèle que nous sommes entrés dans la décennie critique pour espérer limiter l'emballement du climat, l'empire du carbone étend son règne. Et le gouvernement français non seulement couvre mais en plus décore les criminels climatiques.

Luttes juridiques

Face à cette inaction gouvernementale, la société civile a réussi à ouvrir un front judiciaire contre TotalEnergies. Une bataille féroce est en cours devant les tribunaux pour faire reconnaître la responsabilité de la firme dans le chaos en cours, et l'obliger à s'aligner sur les objectifs mondiaux de réduction des émissions.

En septembre 2023, quatre associations de défense de l'environnement ont en effet porté plainte au pénal contre le groupe et ses projets pétrogaziers, pour « des faits s'apparentant à un climaticide ». Ce contentieux inédit vise quatre infractions graves : l'« abstention de combattre un sinistre » ; l'« homicide involontaire » ; les « atteintes involontaires à l'intégrité de la personne » ; la « destruction ou la dégradation d'un bien appartenant à autrui de nature à créer un danger pour les personnes ».

« Il n'y a pas de sinistre plus létal, plus planétaire et plus prévisible – et prévu par les pétroliers eux-mêmes avant tout le monde – que le climaticide », souligne William Bourdon, l'avocat des associations. « Le PDG de TotalEnergies, Patrick Pouyanné, ne veut pas la mort de citoyens, mais il poursuit, en connaissance de cause, des projets fossiles dont il ne peut pas ignorer qu'ils vont fabriquer des morts[87]. »

En juin 2023, une vingtaine d'Ougandais ainsi que cinq associations françaises et ougandaises ont déposé au tribunal judiciaire de Paris un recours visant à demander réparation pour les violations des droits humains causées par TotalEnergies en Ouganda depuis 2017, dans le cadre du mégaprojet Tilenga-EACOP. Idem en janvier 2024 : 58 Yéménites ont lancé une action en réparation devant la justice française contre la multinationale suite à une marée noire et des fuites d'eaux toxiques qui auraient saccagé leurs terres dans la région yéménite de Hadramaout, où TotalEnergies a extrait du pétrole de 1996 à 2015.

En mars 2022, ce sont trois associations, Greenpeace, Les Amis de la Terre et Notre affaire à tous, qui avaient déposé un recours au civil contre la multinationale pour pratiques commerciales trompeuses. Elles ont dans le viseur la grande opération publicitaire menée par la firme depuis son changement de nom en « TotalEnergies » et son engagement pour la neutralité carbone d'ici à 2050. Selon ces ONG, cette offensive marketing n'est qu'« une vaste campagne de greenwashing ». « La loi contre les pratiques commerciales trompeuses est faite pour protéger les consommateurs de la désinformation en imposant une communication honnête et fiable en matière climatique et environnementale », explique Clara Gonzales, juriste à Greenpeace France.

Pour finir, toujours sur le front de l'écoblanchiment, Mediapart a révélé en janvier 2023 que la multinationale pétrolière faisait l'objet d'une enquête ouverte par le parquet de Nanterre à la suite d'une plainte au pénal, également déposée pour pratiques commerciales trompeuses, par trois associations écologistes. Une première en France, qui pourrait voir le pétrolier être condamné pour mensonges climatiques.

Grève générale pour la transition écologique

TotalEnergies est aussi devenue une cible de premier ordre pour le mouvement climat. Le 25 mai 2022, 250 manifestants ont bloqué l'accès à la salle Pleyel, à Paris, où se tenait l'assemblée générale annuelle du groupe. En conséquence, la séance s'est déroulée devant des sièges vides. L'année suivante, ils étaient quelque 700 à tenter de perturber la grand-messe actionnariale. « TotalEnergies, en continuant d'investir dans des projets pétroliers et gaziers malgré l'urgence climatique, est devenue un symbole de notre lutte », ont expliqué les militants climat, avant d'être violemment délogés par les gendarmes et les services de sécurité de la multinationale.

Les actes de désobéissance civile se multiplient partout en France depuis 2021. Les collectifs activistes Extinction Rebellion ou Stop EACOP dénoncent les agissements de TotalEnergies en aspergeant de peinture les façades de banques qui, comme BNP Paribas, soutiennent le pétrolier, ou en bloquant des stations-services et des dépôts pétroliers de la firme.

De même, lors de cérémonies de remise des diplômes ou *via* des tribunes dans les journaux, des centaines d'étudiants et de jeunes diplômés de grandes écoles, notamment Polytechnique, AgroParisTech, HEC ou CentraleSupélec, n'hésitent pas à clamer qu'ils « ne travailleront pas pour TotalEnergies s'ils continuent à lancer des pipelines géants[88] ». Dès 2020, des élèves ingénieurs de l'École polytechnique s'étaient soulevés contre l'installation d'un centre de recherche TotalEnergies sur le campus de Saclay (Essonne). Après deux années de luttes et de recours juridiques, la compagnie a dû renoncer à son projet.

Enfin, la compagnie est désormais chahutée par ses propres salariés. Le 24 septembre 2020, les ouvriers de la raffinerie TotalEnergies de Grandpuits, en Seine-et-Marne, ont appris que le groupe prévoyait un plan social – une perte de 150 emplois sur un effectif de 400 – dans le cadre de la reconversion du site en « plateforme zéro pétrole de biocarburants et bioplastiques ». Après quarante-cinq jours de grève, ils ont arraché à la direction la sauvegarde d'une douzaine d'emplois supplémentaires.

Dès le début de la mobilisation, les grévistes ont dénoncé le faux discours vert de TotalEnergies. La firme pétrolière doit reconvertir, à l'horizon 2025, le site en installation de recyclage de bouteilles en plastique et de production d'agroplastiques et d'agrocarburants. « C'est une aberration écologique », s'est insurgé Adrien Cornet, délégué CGT à Grandpuits. « Le principe même de la bouteille d'eau en plastique devrait être interdit. Quant aux deux autres solutions, elles reposent sur la consommation de terres agricoles. En parallèle, TotalEnergies délocalise ses raffineries dans des pays quasi sans normes sociales et environnementales. »

Le temps libéré par la grève a surtout donné l'occasion aux ouvriers de tenir eux-mêmes la raffinerie et de penser collectivement à la façon d'allier sur le site préservation de l'emploi et transition écologique. « Nous vivons à côté de notre raffinerie, nous sommes les premiers à avoir intérêt à avoir un site le moins nocif pour l'environnement, pour la Seine, pour la forêt de Fontainebleau. Nos week-ends, nous les passons en forêt ou à pêcher dans les rivières, et nos enfants jouent dans les champs alentour », a expliqué Adrien Cornet.

À Grandpuits, les travailleurs se sont réunis pendant des mois avec des militants de Greenpeace, des Amis de la Terre ou encore des experts énergétiques de négaWatt pour plancher sur une feuille de route verte fondée sur trois axes : répondre aux besoins sociaux, partir des ressources locales et préserver l'emploi. Deux pistes ont été défrichées pour la reconversion de la raffinerie : la production d'isolants biosourcés et la production locale d'hydrogène, pour ce territoire très rural où la voiture reste essentielle faute de transports publics.

Le 28 mars 2021, ces travailleurs de TotalEnergies ont défilé avec 55 000 manifestants à Paris pour pointer le manque d'ambition du gouvernement face à l'urgence climatique. À la fin de la mobilisation, le délégué syndical Adrien Cornet a pris la parole devant une foule surprise de découvrir un salarié de TotalEnergies s'emparer du micro : « Il est nécessaire que la jeunesse, avec le mouvement climat, se tourne vers les ouvriers qui ont entre les mains les moyens de production, qui peuvent les paralyser, imposer un rapport de force au patronat. Il nous faudra, un jour, arriver à une grève générale pour la transition écologique. »

Se défaire de TotalEnergies

Face aux polémiques croissantes et aux actions citoyennes, TotalEnergies a diffusé en mai 2023 à l'usage de ses 60 000 salariés un guide interne intitulé « Un dîner presque parfait » – en référence à une célèbre émission télévisée. Ce prêt-à-penser rédigé par la direction de la communication interne du groupe propose aux employés un argumentaire autour des récentes controverses afin de leur permettre de riposter, et « enfin avoir le dernier mot et profiter du dîner ! ». Le mémo rassemble ainsi des éléments de langage sur le greenwashing, le mégaprojet pétrolier EACOP-Tilenga ou encore les superprofits, tout en éludant les faits les plus constestables[89].

De son côté, Mediapart a organisé, le 28 janvier 2023 à Pantin, en Seine-Saint-Denis, une « journée spéciale TotalEnergies », articulée autour de plusieurs tables rondes et d'échanges avec le public. La rédaction a sollicité le groupe pour qu'il y participe et réponde aux interpellations. Mais il a décliné l'invitation. Trois jours avant l'événement, le géant pétrolier nous a cependant adressé une lettre recommandée signée de son directeur de la communication où il nous mettait en garde contre « toutes accusations à caractère diffamatoire qui pourraient être tenues par les participants à l'occasion de cette journée de "débats" et pour lesquelles TotalEnergies ne s'interdira pas de réserver des suites judiciaires ». C'est la première fois de son histoire que le journal recevait un tel avertissement préalable.

Cette lettre de menace de même que le prêt-à-penser à destination des salariés témoignent d'une fébrilité de la compagnie face aux dénonciations du caractère climaticide et socialement délétère de ses activités. Car c'est sa réputation dans l'opinion qui se trouve aujourd'hui malmenée. Et en effet, au-delà du front judiciaire, des actions de désobéissance civile et des contestations ouvrières, plusieurs questions fondamentales émergent dans le débat public. Comment sortir TotalEnergies des logiques de marché ? Comment mettre la multinationale hors d'état de nuire ? En substance, quel geste d'autodéfense climatique face à ce fossoyeur du climat ?

Une des pistes souvent évoquées est d'assécher les finances de TotalEnergies pour stopper sa stratégie d'expansionnisme pétro-gazier. « Interpeller les acteurs financiers à ne plus se rendre complices des activités fossiles de la major et la contraindre à se doter d'un vrai plan climat, fondé sur la science, pourrait rapidement réduire la capacité de nuisance de TotalEnergies[90] », indique Lucie Pinson, fondatrice et directrice de Reclaim Finance. Depuis 2016, la compagnie pétrolière a levé plus de 15 milliards de dollars de financement auprès de trois grands groupes bancaires français : BNP Paribas, Crédit agricole et Société générale. « Nous avons là un gros levier d'action », assure-t-elle.

Économiste à l'Observatoire des multinationales, Maxime Combes poursuit : « Si TotalEnergies n'investit plus dans le pétrole ou le gaz, sa production d'énergies fossiles baissera de 3 % à 4 % par an. Ce qui est intéressant, car c'est exactement ce qu'il faudrait faire à l'échelle planétaire. Mais si l'entreprise prend cette décision, TotalEnergies cesse d'exister d'un point de vue de sa valorisation boursière. Elle ne le fera jamais. Il y a donc légitimité à intervention publique pour ne plus laisser aller ce *statu quo*[91]. »

La nationalisation de TotalEnergies, ou au moins de sa branche en charge du pétrole et du gaz, pourrait ainsi être un outil permettant l'arrêt de tout nouveau forage fossile. Avec la reprise en main par l'État français de la compagnie, les bénéfices record liés à la hausse du prix des énergies pourraient en outre servir au financement de la transition écologique et à l'accompagnement des personnes précaires, les plus impactées par cette montée des coûts.

« Il s'agirait plutôt de parler non pas de nationalisation mais de socialisation de TotalEnergies », explique toutefois Guillaume Carbou, chercheur en sciences sociales à l'université de Bordeaux. « C'est-à-dire de remettre cette multinationale aux mains de la société, avec l'idée que les salariés et les citoyens sont plus à même de juger de l'intérêt général que l'État français, qui est largement aligné sur une vision du monde économiciste, centrée sur la capacité du secteur privé à engranger des profits[92]. »

Par ailleurs, notre société est à ce point dépendante du pétrole et du gaz pour se déplacer, se chauffer, s'habiller, s'alimenter et même se soigner, que se défaire de TotalEnergies nécessitera aussi d'organiser démocratiquement notre sevrage collectif aux fossiles. Le philosophe et enseignant-chercheur Alexandre Monnin juge en ce sens que renoncer aux installations climaticides d'un géant comme TotalEnergies constituerait un vivifiant exercice démocratique « par en bas ». Selon lui, nous devons

« apprendre à fermer ces infrastructures qui menacent l'habitabilité de la planète » et décider collectivement de « comment infléchir leur trajectoire », de manière socialement juste[93]. Il s'agirait ainsi de s'approprier les raffineries, les dépôts pétroliers, les oléoducs ou les terminaux méthaniers de la compagnie avec l'objectif de les démanteler ou de les rediriger vers nos besoins sociaux, dans une perspective d'extinction du brasier climatique. Il nous reste, en somme, à inventer une écologie de la fermeture de TotalEnergies, où la place des travailleurs serait centrale, comme premiers experts de leur outil de production, tendant par le même geste vers « des formes d'autogestion écologisées », explique le chercheur.

Autant de pistes de réflexion à défricher dans les entrelacs du capitalisme fossile, et qui démontrent que nous ne pouvons pas nous en remettre aux tenants du *business as usual* pour engager la bifurcation écologique. L'heure de l'interpellation est révolue. Le temps d'une écologie du rapport de force est venu.

GLOSSAIRE

Accord de Paris – L'accord de Paris est un traité international sur le changement climatique adopté par près de 200 États lors de la 21e conférence internationale pour le climat (COP21) qui s'est déroulée à Paris en décembre 2015. Il est entré en vigueur le 4 novembre 2016.
Son objectif principal est de maintenir « l'augmentation de la température moyenne mondiale bien en dessous de 2 °C au-dessus des niveaux préindustriels » et de poursuivre les efforts « pour limiter l'augmentation de la température à 1,5 °C au-dessus des niveaux préindustriels ».

Compensation carbone – Principe consistant pour un pays, une entreprise ou un individu à compenser ses émissions de gaz à effet de serre par le financement de projets peu émetteurs (parc solaire, éolien, etc.) ou qui séquestrent le carbone (plantation d'arbres, préservation d'aires forestières).
Le protocole de Kyoto, traité climatique signé en 1997 et appliqué à partir de 2005, puis l'accord de Paris de 2015 tentent de réguler cette marchandisation du CO_2 qui a jusqu'à présent

surtout servi à maintenir le *business as usual* des multinationales ou des États riches, au détriment des pays du Sud qui hébergent le plus souvent les projets de compensation carbone.

Énergies fossiles – Le charbon, le pétrole et le gaz sont les trois principales sources d'énergies fossiles. Elles sont issues de la décomposition de volumes importants de matière organique (bactéries, végétaux, etc.) sur des millions d'années. Ce processus de transformation long à l'échelle humaine conduit à ce que les énergies fossiles sont dites non renouvelables. La combustion du charbon, du pétrole et du gaz libère dans l'atmosphère des quantités massives de gaz à effet de serre.

Gaz à effet de serre – Gaz présents dans l'atmosphère qui retiennent une partie de la chaleur solaire. L'augmentation de la concentration de ces gaz dans l'atmosphère a pour conséquence une hausse de la température moyenne sur la Terre. Les principaux gaz à effet de serre issus des activités humaines sont le dioxyde de carbone (CO_2), le méthane (CH_4) ou encore le protoxyde d'azote (N_2O).

GNL – Gaz naturel liquéfié. Désigne du gaz refroidi à – 160 °C pour le passer à l'état liquide. Le gaz naturel liquéfié occupe 600 fois moins de volume qu'à l'état gazeux, ce qui facilite son stockage et réduit ses coûts de transport. Le GNL peut être acheminé par cargo – soit plus facilement que par gazoduc – aux quatre coins de la planète.

Hydrocarbure – Composé organique constitué exclusivement d'hydrogène et de carbone. Le pétrole et le gaz sont deux hydrocarbures.

Neutralité carbone – Situation dans laquelle les émissions d'un pays, d'une entreprise ou encore d'une activité sont inférieures ou égales aux quantités de gaz à effet de serre absorbées par les écosystèmes (forêt, océan, marais, prairies, etc.) et certains procédés industriels comme les technologies de capture et de stockage du carbone.

NOTES

1. François Durand-Dastès, « La pollution atmosphérique et le climat », *Total Information*, n° 47, 1971, p. 12-19.

2. Le document est consultable et téléchargeable à cette adresse : https://reporterre.net/IMG/pdf/total_information_no47_1971_la_pollution_atm_et_le_climat.pdf

3. Christophe Bonneuil, Pierre-Louis Choquet et Benjamin Franta, « Early warnings and emerging accountability : Total's responses to global warming, 1971-2021 », *Global Environmental Change*, vol. 71, 2021.

4. Benjamin Franta, « Early oil industry knowledge of CO_2 and global warming », *Nature Climate Change*, vol. 8, n° 12, 2018, p. 1024-1025.

5. The President's Science Advisory Committee, *Restoring the Quality of our Environment. Report of The Environmental Pollution Panel,* novembre 1965.

6. Study of Critical Environmental Problems (SCEP), *Man's Impact On The Global Environment. Assessment and Recommendations for Action,* The MIT Press, Cambridge (MA), octobre 1970 et Study of Man's Impact on the Climate (SMIC), *Inadvertent Climate Modification,* The MIT Press, Cambridge (MA), septembre 1971.

7. Cité in Mickaël Correia, « Dérèglement climatique : Total savait dès 1971 », *Mediapart*, 20 octobre 2021.

8. *Ibid.*

9. *Ibid.*

10. Mickaël Correia, « Comment le sabotage d'une mesure européenne par Total a fait perdre trente ans à l'action climatique », *Mediapart*, 3 juin 2022.

11. Christophe Bonneuil *et al.*, « Early warnings and emerging accountability », art. cit.

12. *Ibid.*

13. Cité in Mickaël Correia, « Dérèglement climatique », art. cit.

14. « Climat : entretien avec Patrick Pouyanné », totalenergies.com, 24 mai 2016.

15. Ludovic Dupin et Pascal Gateaud, « Patrick Pouyanné (Total) : “Le climat, un défi énergétique” », *L'Usine nouvelle*, 15 décembre 2016.

16. Mickaël Correia, « Total : les actionnaires votent pour le chaos climatique », *Mediapart*, 28 mai 2021.

17. Piers M. Forster *et al.*, « Indicators of global climate change 2022 : annual update of large-scale indicators of the state of the climate system and human influence », *Earth System Science Data*, vol. 15, n° 6, 2023, p. 2295-2327.

18. Selon les travaux du chercheur américain Richard Heede et du Climate Accountability Institute, https://climateaccountability.org.

19. Atelier d'écologie politique (Atécopol), « Pourquoi faut-il mettre TotalEnergies hors d'état de nuire », *Le Club de Mediapart*, 15 décembre 2022.

20. Oil Change International, *TotalEnergies Big Oil Reality Check 2023*, mai 2023 et Reclaim Finance, *Why Shareholders Should Vote Against Total Climate Strategy*, avril 2021.

21. « “TotalEnergies est très loin de prendre en compte les conclusions du Giec” : des scientifiques dénoncent l'instrumentalisation de leurs rapports par le géant pétrolier », Tribune parue sur *France Info*, 8 février 2023.

22. Christophe McGlade et Paul Ekins, « The geographical distribution of fossil fuels unused when limiting global warming to 2 °C », *Nature*, vol. 517, 2015, p. 187-190.

23. Deborah Gordon *et al.*, « Evaluating net life-cycle greenhouse gas emissions intensities from gas and coal at varying methane leakage rates », *Environmental Research Letters*, vol. 18, n° 8, 2023.

24. International Energy Agency, *Net Zero by 2050 : A Roadmap for the Global Energy Sector*, mai 2021.

25. International Energy Agency, *The Oil and Gas Industry in Net Zero Transitions*, novembre 2023.

26. « “TotalEnergies est très loin de prendre en compte les conclusions du Giec” : des scientifiques dénoncent l'instrumentalisation de leurs rapports par le géant pétrolier », Tribune parue sur *France Info*, 8 février 2023.

27. Oil Change International, *Big Oil Reality Check. Updated Assessment of Oil and Gas Company Climate Plans*, mai 2022.

28. Reclaim Finance, *TotalEnergies : Faut-il croire à sa diversification ?*, octobre 2023.

29. Christophe Bonneuil et Jean-Baptiste Fressoz, *L'Événement anthropocène. La Terre, l'histoire et nous*, Paris, Seuil, 2013.

30. François Jarrige et Alexis Vrignon (dir.), *Face à la puissance. Une histoire des énergies alternatives à l'âge industriel*, Paris, La Découverte, 2020.

31. Atécopol, « Pourquoi faut-il mettre TotalEnergies hors d'état de nuire », art. cit.

32. Propos extraits du débat « Les crimes écologiques de TotalEnergies » durant la Journée Total de Mediapart, Pantin, 28 janvier 2023.

33. Atécopol, « Pourquoi faut-il mettre TotalEnergies hors d'état de nuire », art. cit.

34. Mickaël Correia, « COP28 : un accord en deçà de l'urgence climatique », *Mediapart*, 13 décembre 2023.

35. « Le gaz naturel, énergie de transition », totalenergies.com.

36. Carbone 4, *Importations de gaz naturel : tous les crus ne se valent pas*, octobre 2021.

37. Deborah Gordon *et al.*, « Evaluating net life-cycle greenhouse gas emissions intensities », *op. cit.*

38. Global Gas Flaring Reduction Partnership, www.worldbank.org.

39. Stephen Stapczynski, Akshat Rathi et Godfrey Marawanyika, « How to sell "carbon neutral" fossil fuel that doesn't exist », *Bloomberg*, 11 août 2021.

40. Erin M. Blanton et Samer Mosis, *The Carbon-Neutral LNG Market : Creating a Framework for Real Emissions Reduction*, Center on Global Energy Policy, Columbia University, 8 juillet 2021.

41. « Total livre sa première cargaison de GNL neutre en carbone », totalenergies.com, 20 octobre 2020.

42. Wijnand Stoefs, « From pipeline to pipe dream : why there's no such thing as shipping carbon-neutral LNG », carbonmarketwatch.org, 23 mars 2021.

43. Stephen Stapczynski *et al.*, « How to sell "carbon neutral" fossil fuel », art. cit.

44. Zero Routine Flaring by 2030 (ZRF) Initiative, www.worldbank.org.

45. Damian Carrington et Matthew Taylor, « Revealed : the "carbon bombs" set to trigger catastrophic climate breakdown », *The Guardian*, 11 mai 2022.

46. Jihad Azour et Abebe Aemro Selassie, « Africa's fragile States are greatest climate change casualties », www.imf.org, 30 août 2023.

47. Daisy Dunne, « Analysis : Africa's extreme weather has killed at least 15,000 people in 2023 », *Carbon Brief*, 25 octobre 2023.

48. Oil Change International, *Investing in Disaster : Recent and Anticipated Final Investment Decisions for New Oil And Gas Production Beyond the 1.5 °C Limit*, novembre 2022.

49. Bloom, *Le Joker ENR. Comment TotalEnergies utilise les énergies renouvelables pour greenwasher ses projets climaticides*, mai 2023.

50. Oil Change International, *TotalEnergies Big Oil Reality Check 2023*, mai 2023.

51. Maxime Vaudano et Raphaëlle Aubert, « “Bombes carbone” : TotalEnergies, numéro deux mondial des mégagisements fossiles », *Le Monde*, 31 octobre 2023.

52. Les Amis de la Terre, Oil Change International et Food and Water Action Europe, *Du gaz russe au gaz de schiste américain : un an après l'agression en Ukraine, vers de nouvelles dépendances*, février 2023.

53. « Ukraine : Kyiv interroge TotalEnergies sur le dividende de Novatek », *Reuters*, 1er septembre 2022.

54. Carbone 4, *Importations de gaz naturel, op. cit.*

55. André Thomas, « Pourquoi Total continue d'investir dans le pétrole et le gaz : le patron du groupe s'explique », *Ouest-France*, 15 juin 2022.

56. Jérôme Béglé, Bruna Basini et Marie-Pierre Gröndahl, « Patrick Pouyanné : “TotalEnergies est le groupe pétrolier le plus impliqué dans la transition énergétique” », *Le Journal du dimanche*, 17 juin 2023.

57. « Aramco et TotalEnergies lancent leur projet pétrochimique géant en Arabie », *Les Échos*, 15 décembre 2022.

58. Communiqué de presse de Saudi Aramco, 8 octobre 2018, Dharan.

59. International Energy Agency, *World Energy Outlook 2017*, novembre 2017.

60. Center for International Environmental Law, Environmental Integrity Project, FracTracker Alliance, Global Alliance for Incinerator Alternatives, 5Gyres, #Breakfreefromplastic, *Plastic & Climate. The Hidden Costs of a Plastic Planet*, mai 2019.

61. International Energy Agency, *Future of Petrochemicals. Towards A More Sustainable Chemical Industry. Technology Report*, octobre 2018.

62. Alexander H. Tullo, « Why the future of oil is in chemicals, not fuels », *Chemicals & Engineering News*, 20 février 2019.

63. Nabil Wakim, « Pour l'Arabie saoudite, le plastique c'est fantastique », *Le Monde*, 10 octobre 2018.

64. Nicolas Stiel et Thiébault Dromard, « TotalEnergies : polémique sur son salaire, Ouganda... Les regrets de Patrick Pouyanné », *Challenges*, 24 mai 2023.

65. Résolution du Parlement européen du 15 septembre 2022 sur les violations des droits de l'homme en Ouganda et en Tanzanie en lien avec les investissements réalisés dans des projets fondés sur les énergies fossiles (2022/2826 (RSP)).

66. Human Rights Watch, « *Working On Oil is Forbidden* ». *Crackdown against Environmental Defenders in Uganda*, 2 novembre 2023.

67. Les Amis de la Terre et Survie, *EACOP : la voie du désastre. Enquête sur le projet d'oléoduc géant de Total en Tanzanie*, octobre 2022.

68. Bill McKibben, « With a new pipeline in East Africa, an oil company flouts France's leadership on climate », *The New Yorker*, 10 septembre 2020.

69. Tweet de TotalEnergies Uganda, 9 décembre 2021.

70. Mickaël Correia et Jade Lindgaard, « En Ouganda, "Total viole les droits humains et environnementaux" », *Mediapart*, 24 mars 2022.

71. TotalEnergies, *Tilenga et EACOP, deux projets de TotalEnergies*, décembre 2022.

72. « TotalEnergies starts drilling in Murchison Park », *The Independent*, 20 juillet 2023.

73. « Total et Forêt Ressources Management lancent la plantation d'une forêt de 40 000 hectares en République du Congo », totalenergies.com, 16 mars 2021.

74. Christophe Bonneuil *et al.*, « Early warnings and emerging accountability », art. cit.

75. Mickaël Correia, « À la COP28, plus de 2 450 lobbyistes du pétrole, du charbon et du gaz », *Mediapart*, 5 décembre 2023.

76. Mathilde Mathieu et Michaël Hajdenberg, « Conflit d'intérêts : la triple vie du sénateur Dominati », *Mediapart*, 2 décembre 2010.

77. Les prénoms suivis d'un astérisque ont été modifiés pour préserver l'anonymat des témoins.

78. Jade Lindgaard, « Le discret soutien de Macron au projet climaticide de Total en Ouganda », *Mediapart*, 27 septembre 2021.

79. Les Amis de la Terre France, Observatoire des multinationales et Survie, *Comment l'État français fait le jeu de Total en Ouganda*, octobre 2021.

80. Julie Le Bolzer, « Si vous rêvez d'international, embauchez un diplomate ! », *Les Échos*, 6 février 2020.

81. Les Amis de la Terre France *et al.*, *Comment l'État français fait le jeu de Total en Ouganda*, *op. cit.*

82. Propos de Patrick Pouyanné le 8 juillet 2023 aux Rencontres économiques d'Aix-en-Provence.

83. Piers M. Forster *et al.*, « Indicators of global climate change 2022 », art. cit.

84. William J. Rippel *et al.*, « The 2023 state of the climate report : Entering uncharted territory », *BioScience*, octobre 2023.

85. Le groupe de réflexion Institute for Climate Economics a estimé le budget nécessaire à l'adaptation au changement climatique en France à 2,3 milliards d'euros par an.

86. Mickaël Correia, « Loi "climat" : la responsabilité climatique des multinationales françaises censurée à l'Assemblée », *Mediapart*, 2 avril 2021.

87. Stéphane Mandard et Perrine Mouterde, « TotalEnergies visé par une plainte au pénal pour “abstention de combattre un sinistre” et “homicide involontaire” », *Le Monde*, 2 octobre 2023.

88. Tribune, *Les Échos*, 13 octobre 2022.

89. Mickaël Correia, « Face aux polémiques, TotalEnergies fournit à ses salariés un guide pour “un dîner presque parfait” », *Mediapart*, 25 mai 2023.

90. Propos extraits du débat « Comment mettre TotalEnergies hors d’état de nuire » durant la Journée Total de Mediapart, Pantin, 28 janvier 2023.

91. *Ibid.*

92. *Ibid.*

93. Mickaël Correia, « Alexandre Monnin : “Apprendre à fermer les infrastructures qui menacent l’habitabilité de la planète” », *Mediapart*, 14 mai 2023.

TABLE

II
Expansionnisme mortifère

III
CO_2lonialismes

IV
Au cœur de l'État

RÉALISATION : NORD COMPO À VILLENEUVE-D'ASCQ
IMPRESSION : CPI FRANCE
DÉPÔT LÉGAL : MARS 2024. N° 155514 (178063)
Imprimé en France